大众体育系列

散打

鲍　强◎编

合肥工業大學出版社
HEFEI UNIVERSITY OF TECHNOLOGY PRESS

图书在版编目（CIP）数据

散打/鲍强编．—合肥：合肥工业大学出版社，2016．7
（大众体育系列）
ISBN 978－7－5650－2872－4

Ⅰ．①散…　Ⅱ．①鲍…　Ⅲ．①散打（武术）－青少年读物
Ⅳ．①G852．4－49

中国版本图书馆 CIP 数据核字（2016）第 164711 号

散　　打

鲍　强　编　　　　责任编辑　陈淮民　汤　瑶

出　版	合肥工业大学出版社	版　次	2016 年 7 月第 1 版
地　址	合肥市屯溪路 193 号	印　次	2017 年 1 月第 1 次印刷
邮　编	230009	开　本	710 毫米×1000 毫米　1/16
电　话	总　编　室：0551－62903038	印　张	12．5
	市场营销部：0551－62903198	字　数	231 千字
网　址	www．hfutpress．com．cn	印　刷	三河市燕春印务有限公司
E-mail	hfutpress@163．com	发　行	全国新华书店

ISBN 978－7－5650－2872－4　　　　定价：28．00 元
如果有影响阅读的印装质量问题，请与出版社市场营销部联系调换。

前 言

散打具有悠久的历史和广泛的群众基础，是我国民族传统体育运动的重要组成部分，具有健身、技击、观赏、娱乐、教育、经济等多种功能价值。世界杯武术散打比赛的开展，使全世界人们对散打有了更深入的了解。

《散打》介绍了散打运动的起源、发展、特点、基本技术、快乐速成等内容，内容体现了如下特色：

1. 图文并茂，让青少年更形象、更轻松理解每一个技术动作，变抽象的文字解释为形象的图片展示，有助于提高学生的学习兴趣。

2. 加入了散打运动综合知识，使学生在练习散打的同时，对散打的相关知识有一定了解。

3. 加强了快乐速成练习。本书针对散打技术学习采用了游戏等快乐入门的方法，图文并茂，讲述了简单、易行、有趣的速成途径。

4. 精选知名散打运动员给学生进行介绍，介绍他们取得的荣誉及其感人事迹，为中小学生树立良好的学习榜样，提高他们参加散打运动的兴趣。

5. 补充了运动生理卫生及健康常识部分。针对散打运动过程中可能出现的运动损伤，介绍了有效的预防措施及简单的治疗方法，这对学生安全、可持续参与散打运动以及技能的提高，都具有重要意义。

6. 增加了技术动作的英文名称。学生在学习散打动作的同时，能够知道该动作的英文名称，丰富了学生的专业英语词汇。

青少年是国家的未来、民族的希望，他们身心健康、人格健全是每一个家长和老师的愿望，也是素质教育所追求的重要目标。我们将把此书献给广大青少年，衷心地希望本书能够提高他们参与散打运动的兴趣，使他们体验到散打运动的快乐，为他们的学习生活增添一道亮丽的风景线。

目　　录

第一章

散打运动概述

散打，也称散手，是武术的重要组成部分，具有很悠久的历史，是从劳动中提炼的一种运动形式。从古代到现代，人们对散打的称谓有很多种，比如：有相搏、手搏、卞、弁、白打、拍张、角力、手战、相散手、抱手等说法，由于散打是一种在一个擂台上进行的徒手相互搏斗的运动，所以又称“打擂台”。

第一节　散打运动的起源与发展史

一、散打运动的起源

原始社会时期，由于生产力十分的低下，人们为了生存并获得食物不得不去狩猎，而简易工具常常在狩猎过程中遭到破坏，所以人们只好在工具损坏的情况下徒手与凶猛的野兽进行殊死搏斗。在搏斗中，原始社会的人们慢慢学会了如何使用自己的拳头、脚、绊摔、躲闪等动作与猛兽搏斗。(图1－1；图1－2)

图1－1

图1－2

私有制诞生以后，为了获得更多赖以生存的食物、地盘和水源等生活资料，部落之间常常发生战争。战争中，除了用原始的武器以外，徒手搏斗在战场上成了能活命的重要手段，为了提高生存，人们就必须掌握一定的搏击技能，慢慢地人与猛兽搏斗的动作就演变成了人与人之间的相互搏斗，并且这种搏斗形式在战争中不断发展。(图1－3；图1－4)

图1－3

图1－4

二、历代散打运动的发展

夏、商、周时期，“手搏”以一种独立的形态出现了，并成为奴隶主欣赏娱乐的一项主要活动。据《殷·本纪》记载：“帝纣的力量很大，一般人都不是他的对手，而且他可以徒手把很凶猛的野兽打败并生擒住猛兽”。《诗·小雅·车攻》记载：那时候人们喜欢“敖”这个地方田猎搏兽。而且是在没有使用工具的情况下，徒手狩猎。《诗·郑风·大叔于田》歌颂郑太叔段多才非常勇猛过人，能袒身空手搏虎。更记载了圈养猛兽为乐的大奴隶主，相传“桀之时，女乐三万人，放虎于市，观其惊骇”。可见这种“搏兽”已经是非生产技能了，而是服务于奴隶主贵族，供他们娱乐的活动了。到了周代，武术徒手搏斗已经发展到一定的水平了。如《谷梁传》记载：秦廑与孔子之父梁纥两人徒手搏斗以分出高低的场面。(图1－5～图1－7)

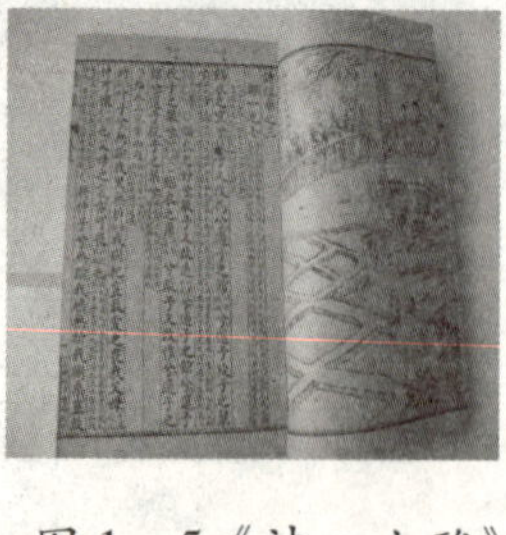

图1－5《诗·小雅》

图1－6《诗·小雅·车攻》

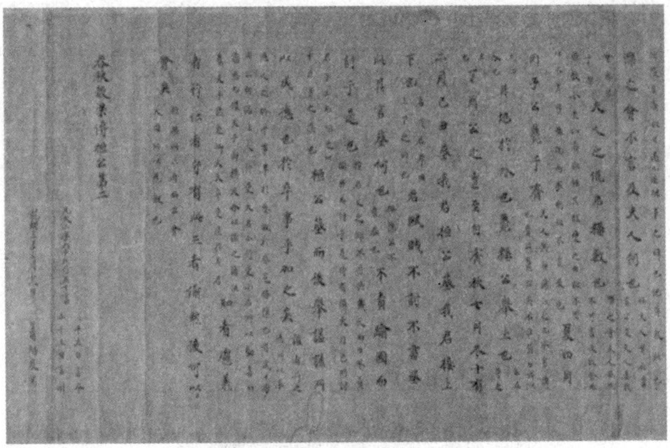

图 1－7《谷梁传》

春秋战国时期,“相搏”已经相当普遍,有了类似于比赛形式的“春秋角试”。《管子·七法》记载:“春秋角试,……收天下之豪杰,有天下之骏雄”。当时人们非常喜欢相搏,只要听说有高手时,就想方设法请来较量。《国语》记载了赵简子把当时非常有名且勇猛过人的牛谈请来与他的臣子少室周比赛,结果少室周和牛谈交手几个回合就败给了牛谈。战国时期,相搏除了作为专门的搏击技能之外,同时被统治阶级作为训练和选拔士兵的重要手段。当时车战逐渐为步战所取代,战争方式的改变,使步兵成为决定战争胜负的重要因素。“一军之中必行虎贸之士,力轻举鼎,足轻戎马,彩旗取将首”。所以各国军事家重视搏斗术在步战中的运用。《管子·七法》记载了齐国通过制定法律来选拔身体强壮、骨骼强大、肌肉发达、出拳有力的人到部队里充当士兵并进行严格、刻苦的训练,结果训练出来的士兵个个都能以一当百,且能十战十胜,百战百胜。(图 1－8;图 1－9)

图 1－8 赵简子图

图 1－9 春秋士兵图

秦汉时期,“相搏”亦叫“手搏”,而且已经有了比较正规的比赛形式。1975 年在湖北江陵凤凰山出土的秦朝墓地中发现一木篦,背面绘有“手搏”比赛的场面。画面上有三个男子,都穿着短裤,腰间束有一条带子。左边两人正在进行徒手搏斗比赛,右边一人,双手前伸,给比赛的两个人做裁判;比赛双方一方用右手横击另一方头部,另一方闪躲后弓步冲拳击其胸部。(图 1 – 10)

图 1 – 10 木篦图

到了汉代“手搏”也叫“卞”、“弁”。汉武帝时期,“手搏”得到大力发展,不仅宫廷,民间也相当流行。如《汉武故事》记载:“秦并天下后对角抵继续推广,而且就连秦始皇也十分喜欢”。《汉书 · 本纪》记载:“元封三年春,开展角抵比赛,结果方圆几百里的老百姓都跑来观看比赛”;元封六年夏,京城的所有官员和老百姓都在林平乐馆观看手博比赛”。可见宫廷和民间对角抵的喜爱程度。(图 1 – 11;图 1 – 12)

图 1 – 11 东汉角抵

图 1 – 12 秦始皇与角抵

隋、唐、五代时期，手搏、角抵倍受重视，比赛几乎形成制度。手博运动在当时不但受到统治阶级的喜爱，而且促进了武术在民间的推广。《通鉴记事本末·刘氏据广州》记载："汉主很喜欢手博运动，有一天汉主听说晋府有五个人在练习手博运动，非常高兴，于是就和王公大臣们在长春宫一边喝酒聊天一边看他们五个人练习手搏，一直看到太阳落山宴会结束的时候"。可见统治阶级对手搏的喜爱程度。《隋书》记载了民间手搏比赛的热闹场景："在大业六年，全国各地的顶尖手博高手们都在端门街施展自己的绝技进行比赛，一比就是一天，甚至要比一个月才结束"。而且在当时角抵已经开始使用拳脚了，据宋代调露子著《角力记》记载："后唐庄宗性多能，癖好俳优并角抵戏，或云自能此戏。尝诏王门关曰胜与作对，供养太后，又先约之曰，卿不可多让。门关退谢者数回，又谓之曰：'卿一拳倒者与节制'，及出手，果一拳下而仆，导除幽州节度使"。可见当时的角抵已经使用拳脚。（图 1－13；图 1－14）

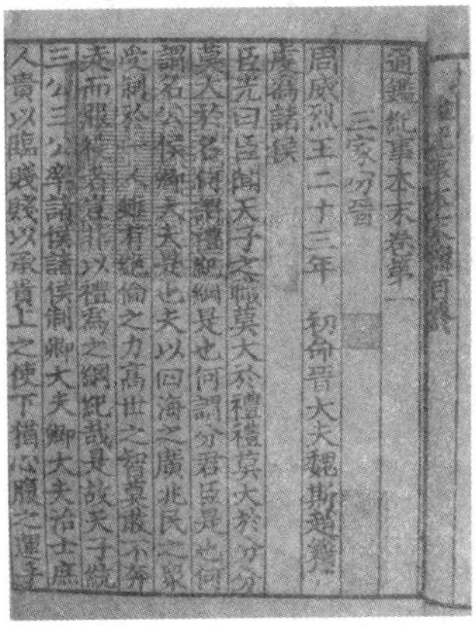
通鑑紀事本末卷第一
三家分晉
周威烈王二十三年 初命晉大夫魏斯趙籍韓虔爲
諸侯
臣光曰臣聞天子之職莫大於禮禮莫大於分分
莫大於名何謂禮紀綱是也何謂分君臣是也何
謂名公侯卿大夫是也夫以四海之廣兆民之衆
受制於一人雖有絶倫之力高世之智莫不奔
走而服役者豈非以禮爲之綱紀哉是故天子統
三公三公率諸侯諸侯制卿大夫卿大夫治士庶
人貴以臨賤賤以承貴上之使下猶心腹之運手

1－13《通鉴记事本末》

图 1－14《角力记》

宋代，手搏十分盛行，被作为强身健体、活动手脚的重要手段；而且具有娱乐性。《宋史·兵志》记载："手搏虽不切于用，而亦习其身臂"。宋人调露子曰："上古之人淳素，以食饱饮足，或以前肱为格击，手赤未（来）取胜负"。手搏在宋代除了上述功能以外还具有表演功能，如当时在渑池县旁有个山庙，需要修理，因房梁甚大，工匠都抬不动，于是县令世衡想了个发动群众的办法：他叫当时城里很有名的手博高手相互比赛，结果全城的人都跑来观看，然后世衡对百姓说："你们必须先帮我把房梁抬来放好了，然后才能继续看比赛"。结果全城的老百姓都到山庙帮忙抬房梁，不一会儿工夫就把房梁给搬来放好了。这个故事同时也证明了手搏在宋

代的盛行。正是由于宋代手搏的流行，极大地促进了手搏的正规化。（图1－15；图1－16）

1－15　角抵比赛

图1－16　宋代手搏

到了元代，出于政治考虑，统治者先后对民间武术的禁止先后达十多次，规定民间不得持有兵器和习武，但民间暗地里练习武术之风仍传习不止，而且无数次的起义又推动了民间武术搏击的发展。（图1－17）

图1－17 元代农民起义

明代是中国古代武术承上启下的重要时期，也是我国民间武术进入全面成熟时期。当时手搏多称为"白打"，亦成为"角拳"或"搏击"，且被列入当时的"十八般武艺”之中。明代《白打钱》记载:“按白打,徒搏也,武艺共十八般……十八白打”。而且在《武备志》里也把拳勇之技列为第十八。在明代正规的比赛民间叫“打擂台”,擂台两边有:“拳打南山猛虎,脚踢北海蛟龙”的楹联以增加比赛士气。赛前,先设擂主,由擂主安排好高手准备应战。当时手搏虽不断发展,但由于没有护具以及成熟的规则,所以比赛双方的安全问题无法解决;为了避免不必要的纠纷,所以赛前比赛双方要立好生死状,生死听天由命,否则不允许上台比赛;并且在明代还出现了一些有关散打的书籍,如戚继光的《纪效新书》。这些书籍的出现,不仅对手搏的技术有所发展,而且更重要的是丰富了手搏的理论知识。(图 1 – 18 ~ 图 1 – 20)

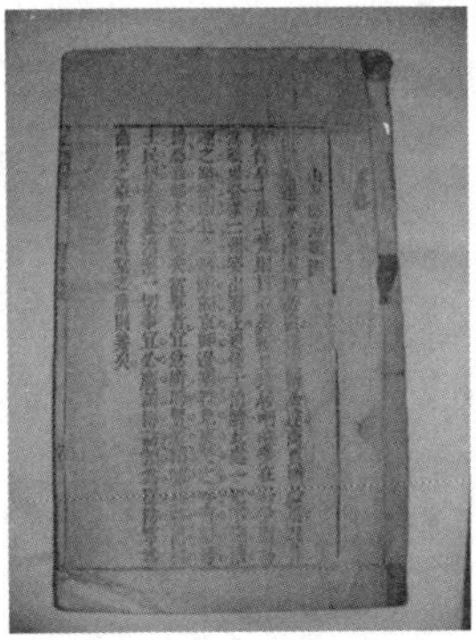

图 1 – 18《武备志》

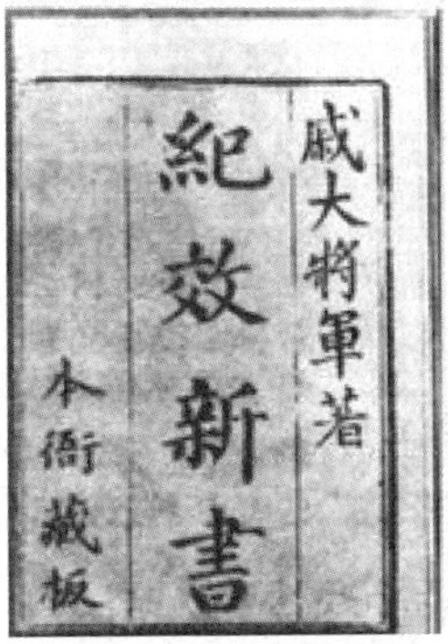

1 – 19《纪效新书》

图 1 – 20《纪效新书》

清代，伴随农民运动以及秘密结社组织的发展，出现了不少练武的“社”、“馆”。可以说清代是我国民间武术蓬勃发展的又一个新的历史阶段。由于拳术风格各异、打法不一，因而经常通过比武较量，这无形中促进了武术技艺的发展。当时“打擂”在民间非常流行，各种节日集会上，擂主在公开场合搭上擂台，迎战其他挑擂之人。来自各地的拳师只要立好生死状，即可上台比赛，而且此时人们对于武术的健身、防身、自卫、修身颇为注重。当时女子对武术也表现出了浓厚的兴趣。据清·采蘅子《虫鸣漫录》记载：“楚南两兄弟非常喜欢手博运动，于是两兄弟就请当地小有名气的武术师傅传授他们手博技术，而两兄弟的妹妹就在楼上一边偷学技术，过了一段时间以后，师傅试两兄弟的功夫，结果兄弟二人几拳就被打倒在地，于是他们的妹妹要求与师傅比赛，打了很久不分胜负。结果其妹飞起一脚，踢中拳师要害，把拳师打倒在地”。（图 1－21～图 1－22）

图 1－21 社馆

图 1－22 角抵比赛

三、民国时期散打运动的发展

民国时期，由于受西方文化影响和习武开禁的影响，拳技之风蓬勃一时。这一时期涌现了一大批技艺高超的武术名家，如霍元甲、王子平、万籁声、朱国禄等，并且在民国时期成立了诸如“精武会”“中央国术馆”等类型的场馆。这一时期中国武术史上第一次单项运动会“中华全国武术运动会”于 1923 年 4 月在上海举行。1928 年 10 月 28 日中央国术馆南京举办了“第 1 届国术国考”，比赛为期 10 天，国考设有散手比赛，采用双败淘汰制，三局两胜。打法不限流派，不以体重分级，临时抽签分组比赛。规则规定：“不带任何护具；凡用手、肘、脚、膝击中对方任何部位得

一点；凡击中对方眼部、喉部、裆部为犯规，犯规三次，取消比赛资格，严重者，一次取消资格”。（图 1－23；图 1－24）

图 1－23 霍元甲

图 1－24 精武会旧址

1929 年由中央国术馆副馆长李景林出面发起举行第一次全国性的国术表演及比赛大会。在征得一致同意后，由浙江省国术馆承办了“国术游艺大会”。12 个省 4 个特别市共计男、女代表 345 人参加，其中参加散手比赛的有 125 人。由于比赛规则漏洞百出，不得不边打边修改规则。1933 年中央国术馆在南京举办了“第 2 届国术国考”。大部分省、市都派有代表队参加比赛。由于人数不限，有的代表队多达百人之多。这次比赛相对于第 1 届国考对运动员人身安全有了很大改进，新规则规定：“按体重分级，并带有护具”。由于没有时间限制，且凡用手或脚打中对方就得一点，有的用脚尖踢中对方或以手指摸到对方的头发也算得一点，故比赛双方均不敢轻易进攻，只得跳来跳去以防止被对方踢到或摸到，以至报纸评论说：“国术场成了斗鸡场”。（图 1－25 ~ 图 1－27）

图 1－25 第 2 届国术国考旧照

图 1－26 参加国术国考比赛

图 1－27 民国时期的武术代表队

四、新中国成立后散打运动的发展

新中国成立后，武术被当作优秀的民族文化遗产加以继承和发展。1952 年国家体育运动委员会成立后，武术被列为推广项目。随后在研究发展的重点上，先将武术套路运动形式作为推广、表演和竞赛的重点。1953 年 11 月在天津举行的全国民族形式体育表演及竞技大会上，散手被列为 332 个表演项目之一。1978 年国家体委成立散手调研组，分别在湘潭和北京召开座谈会听取武术家的意见，写出了《关于开展武术散手运动的报告》。1979 年 3 月为了使武术攻防格斗技术在比赛中得到检验和发展，国家体委决定首先在浙江省体委、北京体院和武汉体院三个单位进行武术对抗性项目的试点训练。在同年 5 月举办全国武术观摩交流大会，上述三家试点单位进行公开表演。在同年 10 月举行的第 4 届全运会期间，国家体委又调浙江省和北京体育学院散手代表队赶赴石家庄赛区，与河北省体委选拔组成的散手队进行公开表演。

1980 年 5 月，在山西太原举行的全国武术观摩交流大会上，参加散手表演的省、市越来越多，其间北京体育学院与武汉体育学院还进行了内部交流，互相学习。同年 10 月，在昆明举行的全国武术表演赛期间，国家体委调集了散手试点单位的有关人员开始制定全国散手竞赛规则，并且拟订了《全国散手竞赛规则》（征求意见稿）。1981 年 5 月，北京体育学院和武汉体育学院在沈阳举行的全国武术观摩交流大会上进行了一次公开表演赛。1982 年 1 月份，国家体委又调集北京、山东、河北、广东、北京体院和武汉体院六个单位的相关人员在北京召开了全国散手竞赛规则研究会,制定了《散手竞赛规则》(初稿),并按制定的规则在北京举行了全国武术散手邀请赛。此后每年都要举行一次全国性的武术对抗性项目表演赛,并且在实践的基础上对规则不断地完善和更新。在1987年全国武术对抗赛中,采用了设台比武的办法,从而奠定了以擂台为民族特色的武术对抗形式。1988年,在中国武术研究院、中国武术协会主办的国际武术节上,首次举办了国际武术散手擂台邀请赛,来自15个国家和地区近60名运动员进行了为期3天的激烈角逐。中国代表队获得了7个级别中的5个级别冠军。这一竞赛形式和办法很快被国际上所接受,这标志着武术散打已经走向现代体育竞技的舞台。

为了进一步推动散打的快速发展,1990年国家体委颁布《武术散手运动员技术等级标准》并于第二年纳入《武术运动员技术等级标准》。同年中国武术协会组织编写的《中国散手》一书出版。1993年11月在马来西亚首都吉隆坡举行的第2届世界武术锦标赛上,散打第一次被列为世锦赛正式比赛项目。1998年散打被正式列为第13届亚运会比赛项目。2001年全国首届女子散打邀请赛在上海市举行,这标志着中国女子散打比赛的启动。2003年女子散打首次列入世界武术锦标赛的正式比赛项目,同年,由国际武术联合会组织,在中国上海举办了第一次世界杯散打比赛,标志着中国武术散打走向国际体坛。

第二节 散打运动的特点

散打,也称散手,是武术的重要组成部分,具有很悠久的历史,是从劳动中提炼的一种运动形式。散打从其产生到发展,经历了许多的朝代,但纵观散打本质特点,散打依然保留了体育性、民族性、对抗性的鲜明特点。

一、体育性

现代散打技术在吸收了传统武术的精华后,又从体育道德、人文等观点出发制定了一系列的竞赛规则。规则从增强体质,交流技艺,提高技术水平,保护运动员为出发点,虽在一定程度上剔除了使人致伤、致残的凶狠泼辣的招式,但仍然保留和突出了中华传统武术的特殊本质——技击性。从现代散打技术来看是“体育中蕴涵技击;技击中体现体育”。所以体育性是散打的第一个特性。(图1－28;图1－29)

图 1－28

图 1－29

二、民族性

散打是武术的重要组成部分，是在特定的历史条件下逐渐发展演变而成的，是中华民族的优秀文化遗产，因此民族性是散打运动自身的重要特性。散打的民族性首先是在比赛形式中的体现。散打又称为打擂台，可以说这是由于中华民族受传统思维和传统文化影响的结果，是民族性的最深层次的反应，这与我国的“天人合一”如出一辙，散打运动员在擂台上比赛，就应该与擂台合二为一，把擂台作为自己的一部分，所以能否不下擂台自然成为判定散打胜负的最基本标准。这就与西方搏击中的凶斗恶拼有着明显的区别。其次，散打讲究“远踢、近打、贴身摔”，因此它不同于泰拳的“头顶、肘撞、膝击”的反关节攻击形式，也不同于只能用“摔、拌、擒”，而不能使用脚的柔道等项目。散打是在继承中华武术传统技法的基础上逐渐发展起来的竞赛项目。从散打的发生和发展上来看，我们应该指出，散打的这种民族形式不是固定的，它是多变的、发展的，并且具有鲜明的时代性。所以在散打的发展过程中我们要不断从各国的技击项目中，取他人之长补我之短。只有这样散打才能不断地发展和提高。（图 1－30；图 1－31）

图 1－30

图 1－31

三、对抗性

散打不同于武术套路动作，但散打在一定程度上还是继承了武术动作的技击性，虽然这种技击性中使人致伤、致残的招数在一定程度上被削弱或剔除，但有时这种特性还是很容易使运动员出现致伤、致残的情况。所以对抗性可以说是散打的基本特性，并且在散打过程中，双方运动员的对抗性不仅仅是表现在身体的对抗性上，在智力、勇气等方面都无时无刻不在进行着激烈的对抗，“狭路相逢，勇者胜，勇者相逢，智者胜”。可以说散打是通过比赛双方运动员在比赛过程中斗智、斗勇、较技等各种对抗形式来达到输赢并体现它的内在对抗性。（图 1 – 32；图 1 – 33）

图 1 – 32

图 1 – 33

第三节 散打运动的作用

一、增强身体健康，提高自身防卫

增强体质，增进健康是散打运动最基本、最直接的作用。人们在进行散打的学习和训练时促进了人体新陈代谢，加速细胞的繁殖，引起细胞间质的增加，从而使人体器官和机能产生适应性变化和改善。如经常参加散打运动可以产生运动性心脏肥大、心肌增厚等。在人体机能上，肺的功能会因为散打运动而提高，肺活量增加，呼吸频率减慢而深度加大，同时经常参加散打运动还可以提高自身对外界的适应能力，提高对疾病的抵抗能力。

同时，散打是在比赛双方进行对抗的情况下进行的，通过这种攻防技术的练习，可以不断提高战术和应变能力；而且艰苦的基本功练习增强了功力，更能发挥攻防技能的实效性，从而对人们克敌制胜和提高自身防卫能力是很有帮助的。（图1－34；图1－35）

图1－34

图1－35

二、锻炼自身意志，培养优秀品德

散打是一项高强度的体育对抗性活动，在比赛中它不但要求比赛双方有良好的身体素质，更要求运动员有坚韧的意志来坚持和完成比赛。如在比赛中要求运动员克服胆怯心理、勇于拼搏、不畏强敌等等，这些都对意志品质的培养有着很大作用，而且散打运动中的尊师重道、尊敬对手、讲究武德等等也对运动员的道德规范起到了一定作用，并且在训练掌握技能的过程中要求运动员吃苦耐劳，这些都能锻炼散打运动员的自身意志和培养他们优秀的品德。（图1－36；图1－37）

图1－36

图1－37

三、丰富文化生活、拥有观赏价值

散打并不是独立于社会的事物，它与社会有着方方面面不可分割的联系，特别是在现代社会中，由于媒体、商业的进入，使这种联系更加密切。散打运动自身的刺激性、对抗性等，往往能给人以一种精神上的享受，而且散打比赛中不经意出现的奇招妙技也具有很大的观赏价值。散打活动也讲究“以武会友”，即通过练习散打的共同爱好可以切磋技艺、扩大交往、交流思想、增进友谊，丰富人民群众的业余文化生活。（图1－38；图1－39）

图1－38

图1－39

四、促进竞技交流、提高彼此友谊

由于学习和喜爱散打的人群比较多，不仅国内，而且国外也有一定的散打爱好者，这就给“以武术会友”，增进友谊提供了很大的基础。通过国内外散打比赛，可以充分展现出各运动员的高超技艺，这给其他运动员起到了很好的学习和借鉴作用，对散打竞技交流起到推动作用。（图1－40；图1－41）

图1－40

图1－41

第四节 散打运动的发展趋势

一、散打运动的国际化

除中国外，世界上许多国家和地区已经开展了散打运动，如美国、法国、意大利等等，散打运动正以其独特的魅力被世界各国人民所接受。从1988年举办的国际散打武术擂台邀请赛，到1993年散打被正式定名为世锦赛正式项目，再到2003年世界杯武术散打比赛的举行，这期间我国做出了巨大的贡献，同时也证明了散打运动正一步步走向国际化。目前，各洲和各国之间经常举办和推广散打比赛，而且有的地方已经将散打正式列为本地方的正式比赛项目之一。所有这些，都证明了散打运动正走出中国，走向世界，进一步国际化，为更多人所接受和承认。（图1－42；图1－43）

图1－42

图1－43

二、散打运动的市场化

散打比赛一直面临着资金短缺而致使比赛无法正常开展的局面，为了走出这一困境，多年来中国散打运动的领导机构在试图将散打比赛推向市场而做了大量工作。

首先，加大散打比赛的市场宣传力度，提高散打在国内外的知名度。这对散打比赛的市场化和职业化起到了很好的推动作用

其次，实现运动员的职业化。运动员的职业化是散打比赛市场化的主体条件，

是否有职业的散打运动员对散打比赛市场化具有很大的决定作用。

最后,丰富散打比赛的周边产品,加大散打比赛的商机作用。无论是散打比赛的护具还是服饰,以及各种商业广告的出现,都为散打比赛的市场化起到了双赢的作用。如,商业广告在投资的同时也使观众认识了自己,加大了企业的宣传力度。(图 1 –44;图 1 –45)

图 1 –44

图 1 –45

三、散打管理的规范化

为了使散打比赛能够更加健康规范的发展,近年来国家体育局等领导机构做了大量的努力,如:修改和制订散打竞赛规则;加强运动员的资格审查和注册登记工作;建立散打比赛的段位制、会员制;加强散打运动员的培训等等。这些都对散打运动朝着更加健康规范的方向发展起到了很大的帮助。(图 1 –46;图 1 –47)

图 1 –46

图 1 –47

第二章 散打运动的基本技术与战术

散打运动经过长期的发掘整理和实战积累，已经有了一套比较完整的攻防技术以及战术，其攻防技术包括“踢、打、摔、拿”等技术动作，以及配合上述动作的步法、身法等。散打战术包括：直攻战术、佯攻战术、迂回战术、制长与制短战术等等。本章将系统地介绍散打的基本技术以及基本战术。

第一节 散打运动基本技术

一、预备姿势(Preliminary position)

散打的预备姿势有“正架”（Positive frame）和“反架”（Anti - aircraft）两种（正架：图2－1、图2－2；反架：图2－3、图2－4；本书若无特别说明均以左手正架为例）。一般习惯把自己力量大的拳放在后面。通常左拳、左腿在前为“正架”；反之为“反架”。运动员可以根据自己的习惯和爱好选择适合自己的一种预备姿势。

图2－1

图2－2

图 2 -3

图 2 -4

动作要领:两脚前后开立,略比肩宽,两脚尖内扣,两膝微屈,重心在两脚之间,两脚脚跟微微离地,两手握拳,左拳在前;右拳在后,身体的侧 1/3 或 2/3 面向对手,左手臂弯曲,肘关节夹角在 90° ~ 110°之间,拳与鼻同高;右手臂弯曲,肘关节夹角小于 90°,拳放于右侧腮旁,大小臂紧贴于右侧肋部,下颌微收;闭嘴合齿。

动作要点:身体姿势不可太低,两膝弯曲角度不宜过大,两脚脚后跟必须微微离地,否则不利于动作的灵活性。两手要紧护身体,暴露给对手打击的部位要尽量少。

二、步法(Step)

散打的步法有:滑步、上步、撤步、垫步、环绕步等各种步法。散打比赛中,合理的散打步法有助于运动员及时抓住战机给予对手打击,它对运动员进行有效攻防具有不可忽视的作用,所以散打的步法应具有灵活、多变、快速的特点。

(一)前滑步(Pre - sliding)

动作要领:前脚(左脚)向前半步,落地时左脚前脚掌先着地,然后后脚(右脚)再向前跟进半步。(图 2 -5 ~ 图 2 -7)

图 2 -5

图 2 -6

图 2－7

动作要点：两脚离地不宜过高，进步步幅不宜过大，衔接进步与跟步时要迅速。

（二）后滑步（After sliding）

动作要领：后脚（右脚）先退后半步，落地时右脚前脚掌先着地，然后前脚（左脚）再退后半步。（图 2－8～图 2－10）

图 2－8

图 2－9

图 2－10

动作要点：两脚离地不宜过高，进步步幅不宜过大，衔接进步与跟步时要迅速。

（三）左滑步（Left sliding）

动作要领：左脚向左侧移半步，右脚脚内侧蹬地，随之向左滑步跟进；同时身体向右转动约 80°～90°。（图 2－11～图 2－13）

图 2－11

图 2－12

图 2－13

动作要点：动作迅速，步法轻灵，转体闪身灵活、敏捷。

（四）右滑步（Right sliding）

动作要领：右脚向右侧移半步，左脚脚内侧蹬地，随之向右滑步跟进；同时身体向左转动约 80°～90°。（图 2－14～图 2－16）

图 2－14

图 2－15

图 2－16

动作要点：动作迅速，步法轻灵，转体闪身灵活、敏捷。

（五）上步（Previous Step）

动作要领：后脚（右脚）蹬地前上一步，同时前脚（左脚）脚掌外旋；右脚在前，左脚在后，交换成反架姿势。（图 2－17；图 2－18）

图 2－17

图 2－18

动作要点：上步时动作要迅速，且身体不能左右摇晃，上步与两手交换要同时进行。

（六）撤步（Step withdrawal）

动作要领：前脚（左脚）蹬地后撤一步，右脚在前，左脚在后，成反架。（图2-19；图2-20）

图2-19

图2-20

动作要点：上步时动作要迅速，且身体不能左右摇晃，撤步与两手交换要同时进行。

（七）跳换步（Jumps changes step）

动作要领：左右脚同时蹬地前后交换，同时两拳也前后交换成反架姿势。（图2-21；图2-22）

图2-21

图2-22

动作要点：换步时动作灵活，以髋带动两腿，身体重心不宜起伏过大，不能有明显腾空动作。

（八）插步（Inserts the step）

动作要领：后脚（右脚）向前脚（左脚）后侧插步，脚跟离地，两脚成交叉状。（图2－23～图2－25）

图2－23

图2－24

图2－25

动作要点：插步时身体不要转动，左侧面仍然面对对手，插步后迅速还原成预备姿势。

（九）盖步（Cover Step）

动作要领：后脚（右脚）向前脚（左脚）前迈步，脚尖外摆；左脚脚跟离地，脚掌

着地。(图 2-26 ~ 图 2-28)

图 2-26

图 2-27

图 2-28

动作要点:脚尖外摆,有利于支撑身体,盖步时身体不能转动;盖步后迅速还原成预备姿势。

(十)垫步(Pad step)

动作要领:后脚(右脚)蹬地向前脚(左脚)内侧并拢,同时前脚(左脚)屈膝提起。(图 2-29 ~ 图 2-31)

图 2－29

图 2－30

图 2－31

动作要点：并拢要迅速，垫步与提膝要连贯。

（十一）跨步（Cross step）

动作要领：右脚向右侧跨半步，两膝弯曲，同时右拳收于右腮旁，左拳向斜下方伸出。（图 2－32；图 2－33）

图 2－32

图 2－33

动作要点：跨步主要用于侧闪防守，跨步后重心下降，且要有反击意识。

三、拳法（Boxing）

（一）前手直拳（First hand straight punch）

动作要领：正架预备姿势，右脚蹬地发力于腰部，由腰部再将力量传递至左肩，以左肩带动左前臂快速向前直线出拳，同时身体微右转，送左肩；出拳时左前臂作内旋动作；力达拳面；右手处于右腮处防守。（图 2－34～图 2－36）

图 2－34

图 2－35

图 2－36

动作要点：身体不可前倾，出拳不可过直过死，肘应微屈；动作要快出快收，并迅速还原成预备姿势，切勿停顿。

易犯错误与纠正方法：撩拳，由于运动员没有掌握合理的用力顺序，肘关节先于拳而动，形成拳往下撩的错误动作，因此在平时的训练和纠正时候，我们要强调运动员以拳领先，或一手拉运动员的拳，一手按住运动员的肘关节，让运动员慢慢体会动作的用力方向和顺序。

只动前臂，运动员在出拳的时候，不是以肩催臂，而是以肘关节为轴，只是前臂的屈伸，因此我们在训练和纠正运动员的错误动作时，应该强调肩先动，催肘送拳。

（二）后手直拳（Subsequent party straight punch）

动作要领：正架准备姿势，右脚蹬地发力于腰部，由腰部将力量传递至右肩，以右肩带动右前臂快速向前直线出拳，同时身体微左转，送右肩；出拳时右前臂作内旋动作；力达拳面；左手处于左腮处防守。（图 2－37 ~ 图 2－39）

图 2－37

图 2－38

图 2－39

动作要点:身体不可前倾,出拳不可过直过死,肘应微屈;动作要快出快收,并迅速还原成预备姿势,切勿停顿。

易犯错误与纠正方法:上体过于前倾。出拳时,潜意识里认为是后手,所以想往前送手,或由于动作概念不清楚,导致上体前移过多,没有拧腰发力。所以在训练时,我们要让运动员多体会拧腰发力的动作,并让运动员有正确的动作概念,克服前探身体的情况。纠正时,面对一面镜子或由同伴监督,慢慢出拳,体会出拳的动作和路线。

(三)左摆拳(Left pendulum fist)

动作要领:正架准备姿势,左脚蹬地发力,上体微向右转,以腰带臂,同时左拳向外(约 45°)、向前、向里横摆,拳内旋,臂微屈,拳心向下,力达拳面或偏于拳眼侧;右拳护于右腮处防守。(图 2－40～图 2－43)

图 2－40

图 2－41

图 2－42

图 2－43

动作要点：以腰带臂，力从腰发；臂不可太直，肘与肩平；出拳后立即还原成准备姿势。

易犯错误与纠正方法：摆动幅度过大。纠正时候，面对镜子或同伴监督，严格按照摆拳的运动路线，慢慢出拳。翻肘过早。请同伴帮忙，一手拉，一手按肘。身体重心前探。多体会拧腰发力的要领，克服前探习惯。

（四）右摆拳（Right pendulum fist）

动作要领：正架准备姿势，右脚蹬地发力，并向内扣，上体微左转，以腰带臂，同时右拳向外（约 45°）、向前、向里横掼，拳内旋，臂微屈，拳心向下，力达拳面或偏于拳眼侧；左拳护于左腮处防守。（图 2－44 ~ 图 2－47）

图 2－44

图 2－45

图 2 – 46

图 2 – 47

动作要点:以腰带臂,力从腰发;臂不可太直,肘与肩平;出拳后立即还原成准备姿势。

易犯错误和纠正方法:摆动幅度过大。纠正时候,面对镜子或同伴监督,严格按照摆拳的运动路线,慢慢出拳。翻肘过早,出现甩拳。请同伴帮忙,一手拉,一手按肘。身体重心前探。多体会拧腰发力的要领,克服前探习惯。

(五)左勾拳(Left hook)

动作要领:正架姿势站立,重心略下沉,含胸,左脚蹬地拧腰发力,身体略右转,同时左拳由下向前上方勾起,大小臂夹角在 90° ~ 110°之间,拳心朝里,力达拳面。(图 2 – 48 ~ 图 2 – 50)

图 2 – 48

图 2 – 49

图 2－50

动作要点：用力要由下至上，发力要短促有力；出拳后迅速还原成准备姿势。

易犯错误与纠正方法：左拳向外绕行。纠正时候面对镜子，慢慢出拳，体会出拳的方向和顺序。出拳发力时上体后倒、挺腹。纠正时多体会拧腰蹬地发力的动作要领及内力的运用。重心上提，歪胯。纠正时候面对镜子慢慢体会或由同伴一手按头，一手扶住练习者的胯，反复改进和练习。

（六）右勾拳（Right hook）

动作要领：正架姿势站立，重心略下沉，含胸，右脚蹬地拧腰发力，身体略左转，同时右拳由下向前上方勾起，大小臂夹角在 90°～110°之间，拳心朝里，力达拳面。（图 2－51～图 2－53）

图 2－51

图 2－52

图 2－53

动作要点:用力要由下至上,发力要短促有力;出拳后迅速还原成准备姿势。

易犯错误:左拳向外绕行。纠正方法:面对镜子,慢慢出拳,体会出拳的方向和顺序。出拳发力时候上体后倒、挺腹。纠正时多体会拧腰蹬地发力的动作要领及内力的运用。重心上提,歪胯。纠正时面对镜子慢慢体会或由同伴一手按头,一手扶住练习者的胯,反复改进和练习。

(七)左鞭拳(Left whip fist)

动作要领:正架姿势站立,右脚蹬地向前上步,同时身体向左后方转体,右脚落地后成反架姿势,同时身体继续向左后方转体,左脚经右脚向后面交叉步,同时右拳与左拳同时一起收至胸前,左拳反臂,以腰带肩、带臂向左侧横向鞭打,力达拳背。(图 2－54 ~ 图 2－57)

图 2－54

图 2－55

图 2－56

图 2－57

动作要点：转体要快，以头领先，鞭拳时，以腰带臂，前臂鞭打甩拳。

易犯错误与纠正方法：转体停顿，站立不稳。纠正时，可专门做转体动作。直臂抡打。纠正时候多强调甩前臂的要领，并注意力点的准确性。

（八）右鞭拳（Right whip fist）

动作要领：身体向右后转 180°，右脚经左腿后插步；同时左拳与右拳一起收至胸前，上体继续向右转体，同时右拳反臂向右侧横向鞭打，力达拳背。（图 2－58～图 2－60）

图 2－58

图 2－59

图 2－60

动作要点：转体要快，以头领先，鞭拳时，以腰带臂，前臂鞭打甩拳。

易犯错误与纠正方法：转体停顿，站立不稳。纠正时，可专门做转体动作。直臂抡打。纠正时多强调甩前臂的要领，并注意力点的准确性。

（九）弹拳（Shoots the fist）

动作要领：左拳以伸肘弹腕的力量反臂向前弹击，力达拳背，右手弹拳转腰顺肩。（图 2－61；图 2－62）

图 2－61

图 2－62

动作要点：以气催力，顺肩，送肘，放长击远。

易犯错误与纠正方法：肌肉紧张，没有速度。纠正时做专门练习甩臂动作，由拳变掌,有利于肌肉的放松。先拉后弹。纠正时候,面对镜子,慢慢出拳,多多体会,待动作熟练后再快速出拳。

四、腿法(Leg Act)

(一)左蹬腿(Stretches the legs left)

动作要领:正架姿势站立,左腿提膝抬起,勾脚尖,大腿催小腿,以脚跟领先向前蹬出,力达脚跟;右脚屈膝支撑。(图2-63~图2-66)

图2-63

图2-64

图2-65

图2-66

动作要点:屈膝高抬,爆发用力,快出快收。

易犯错误:提膝过底,髋、踝关节过于放松,用力不顺。

纠正办法：上体直立，多做提膝靠胸练习和左右转换的蹬腿练习。注意体会挺髋并稍前送；亦可多做蹬墙、沙包等练习。体会用力顺序和用力点。

（二）右蹬腿（Stretches the legs right）

动作要领：正架姿势站立，右腿提膝抬起，勾脚尖，大腿催小腿，以脚跟领先向前蹬出，力达脚跟；左脚屈膝支撑。（图 2－67～图 2－69）

图 2－67

图 2－68

图 2－69

动作要点：屈膝高抬，爆发用力，快出快收。

易犯错误：提膝过底，髋、踝关节过于放松，用力不顺。

纠正办法：上体直立，多做提膝靠胸练习和左右转换的蹬腿练习。注意体会挺髋并稍前送；亦可多做蹬墙、沙包等练习。体会用力顺序和用力点。

（三）左踹腿（Tramples the leg left）

动作要领：右腿略屈支撑保持弹性，左腿屈膝抬起，大小腿折叠，脚尖勾起，右腿蹬地的同时左腿向内翻膝、翻小腿，上体稍微右转，随即送髋，以左大腿催小腿向前方踹击，力达脚掌。（图 2－70 ~ 图 2－73）

图 2－70

图 2－71

图 2－72

图 2－73

动作要点：爆发用力，提膝，送髋，踹击要连贯。攻击一侧身体的踝、髋、肩要在一条直线上。

易犯错误：收腹、屈髋，上体与腿不能成一条直线，踹出距离短、速度慢、力量小。

纠正方法：手扶肋木，一腿抬起，脚不落地，严格按照动作要求，由慢到快反复练习，或由同伴监督帮助反复练习改进动作。多多体会用力顺序和方向，以及用力点。

（四）右踹腿（Tramples the leg right）

动作要领：左腿略屈支撑保持弹性，右腿屈膝抬起，大小腿折叠，脚尖勾起，左腿蹬地的同时右腿向内翻膝、翻小腿，上体稍微左转，随即送髋，以右大腿催小腿向前方踹击，力达脚掌。（图 2－74～图 2－77）

图 2－74

图 2－75

图 2－76

图 2－77

动作要点：爆发用力，提膝，送髋，踹击要连贯。攻击一侧身体的踝、髋、肩要在一条直线上。

易犯错误与纠正方法：收腹、屈髋，上体与腿不能成一条直线，踹出距离短、速度慢、力量小。纠正方法：手扶肋木，一腿抬起，脚不落地，严格按照动作要求，由慢到快反复练习，或由同伴监督帮助反复练习改进动作。多多体会用力顺序和方向，以及用力点。

（五）左鞭腿（Left whip leg）

动作要领：正架姿势站立，身体重心移到右腿，左腿屈膝提起，大小腿夹紧，脚尖崩直，右脚蹬地向右拧腰转髋，同时左腿以髋带动大小腿向右横向鞭打，力达脚背和踝关节之间的部位。（图 2－78～图 2－81）

图 2－78

图 2－79

图 2－80

图 2－81

动作要点：上体不宜倾斜过大，鞭打动作连贯，爆发用力，转体同时加大鞭打爆发力。

易犯错误：上体倾斜过大，膝关节没有内扣，坐髋。

纠正方法：多注意上体稍立起，挺髋，动作由慢到快的练习，多体会。

（六）右鞭腿（Right whip leg）

动作要领：正架姿势站立，身体重心移到左腿，，右腿屈膝提起，大小腿夹紧，脚尖崩直，左脚蹬地向左拧腰转髋，同时右腿以髋带动大小腿向左横向鞭打，力达脚背和踝关节之间的部位。（图 2－82～图 2－84）

图 2－82

图 2－83

图 2－84

动作要点：上体不宜倾斜过大，鞭打动作连贯，爆发用力，转体同时加大鞭打爆发力。

易犯错误：上体倾斜过大，膝关节没有内扣，坐髋。

纠正方法：多注意上体稍立起，挺髋，动作由慢到快的练习，多体会。

（七）左勾踢腿（Cancels left kicks the leg）

动作要领：右腿弯屈，上体微右转，收复合胯，以腰带动左腿直腿勾脚向右前方内侧擦地勾踢，力达脚弓内侧。（图2－85；图2－86）

图2－85

图2－86

动作要点：发力要短促有力，勾踢加速，力点准确。

易犯错误：预摆幅度过大，易于预测，脚踝过于放松。

纠正方法：和同伴多多配合练习互相勾踢的练习，体会动作运行线路和用力方向与用力点。

（八）右勾踢腿（Cancels right kicks the leg）

动作要领：左腿弯曲，上体微左转，收复合胯，以腰带动右腿直腿勾脚向左前方内侧擦地勾踢，力达脚弓内侧。（图2－87；图2－88）

图2－87

图2－88

动作要点：发力要短促有力，勾踢加速，力点准确。

易犯错误：预摆幅度过大，易于预测，脚踝过于放松。

纠正方法：和同伴多多配合练习互相勾踢的练习，体会动作运行线路和用力方向与用力点。

（九）截腿（Truncation leg）

动作要领：左腿弯曲支撑，右腿由伸到屈，勾脚并外翻，足弓内侧向上，向前下方截出，力达脚掌。（图 2－89；图 2－90）

图 2－89

图 2－90

动作要点：踝关节紧张，发力短促，力达脚掌。

易犯错误：勾脚不紧，脚没有外翻，直腿前摆。

纠正方法：面对镜子或同伴监督，动作由慢到快，多做截空动作，注意体会动作要领。

五、摔法（Wrestling）

（一）抱腿前顶（Before sponging on or depend on others, goes against）

动作要领：上左步并迅速下潜至对手膝关节处；同时双手抱住对手双腿膝关节窝处，用力往回拉，同时用左肩前顶对手大腿或腹部将对手摔到。（图 2－91；图 2－92）

图 2－91

图 2－92

动作要点：抱腿紧，肩顶有力，下潜速度快。

易犯错误：抱不住对手的双腿，或抱腿不紧；手脚没有配合用力，摔不倒对手。

纠正方法：抱腿时一定要下潜快，抱腿紧。手脚配合同时用力，两臂向后拉的同时，肩迅速往前顶对方大腿或腹部。

（二）抱腿别腿（Sponges on or depend on others other leg）

动作要领：双方实战站立或对手起腿弹踢时，上步下潜或闪身上步抱住对手大腿，同时用和对手异侧腿插在其支撑腿后面，然后上体后转用胸下压对手前腿，将其摔到。（图 2－93～图 2－95）

图 2－93

图 2－94

图 2－95

动作要点：抱腿准、及时、有力，转体压腿要协调连贯。

易犯错误：抱不住对手的腿。

纠正方法：下潜或闪身上步动作要快，抱的要紧、准、稳，而且要掌握好时机；抱腿、别腿衔接要连贯协调，同时用力。

（三）抱腿打腿（Sponges on or depend on others hits the leg）

动作要领：一方上左步下潜或实战时闪身上左步抱住对手左腿，抱起后，左腿向前摆至对手右腿膝关节窝处，随上体右转的同时，左小腿后打对手右腿。（图2－96；图2－97）

图2－96

图2－97

动作要点：下潜或闪身上步快；抱腿要准；前摆，转身，后打要连贯协调。

易犯错误：抱不住对手的腿。

纠正方法：下潜抱腿动作要迅速、准确、连贯；前摆、转身、后打腿的动作要连贯，不能有间歇，且抱腿打腿动作要同时、迅速。

（四）抱腿上托（Sponges on or depend on others holds）

动作要领：当对手用蹬腿蹬我胸部及以上位置时，双手立即将其固定，同时迅速猛力向前，向上托送使其倒地。（图2－98；图2－99）

图2－98

图2－99

动作要点：抓腿，托送动作要连贯迅速。

易犯错误：托推不倒对方。

纠正方法：抱腿、上托速度要迅速，不能有间歇，托脚和推脚动作要连续、协调。

（五）抱腿旋压摔（Sponges on or depend on others the spinning to fall）

动作要领：当对手用左鞭腿攻击我时，我在格挡或躲闪对方来腿同时向下伸手接抱住对手攻击腿，两手一上一下将其固定，腿迅速伸向对手支撑腿的左前下方，同时屈体向右下方转身并用左肩拧压对方攻击腿。（图 2－100～图 2－102）

图 2－100

图 2－101

图 2－102

动作要点：接腿迅速；左肩向下旋压时，右手应猛力向上抬；施压改变方向要突然；施压时应贴近对手。

易犯错误：抱不住腿，或抱腿后容易脱落。

纠正方法：抱接对方腿时迅速，并固定稳。

（六）抱腿上提勾踢（Sponges on or depend on others raises cancels kicks）

动作要领：双方实战姿势站立或在双方缠斗一在起时，我方迅速用右手抱住对方左大腿，左手抱住对手腰腹部位置，将其向上提起的同时用右脚勾踢对方支撑腿踝关节位置。（图2－103～图2－105）

图2－103

图2－104

图2－105

动作要点：上提与勾踢要同时。

易犯错误：勾踢不倒对方。

纠正方法：上踢勾提动作要快，且上提和勾踢要同时、协调。

（七）穿腿靠摔（Puts on the leg depending on to fall）

动作要领：我方迅速向对手右腿后侧上左步别其腿，同时下潜，以左臂向对手

两腿插入并向对手前方别其右膝关节窝处，左手向后按，随即上体后仰并屈膝前顶。（图 2－106～图 2－109）

图 2－106

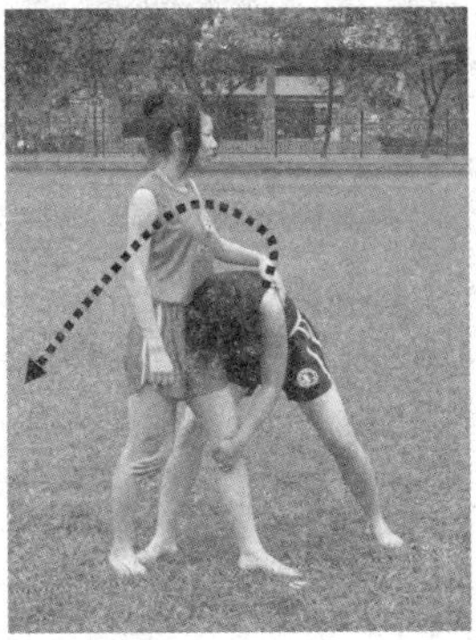

图 2－107

图 2－108

图 2－109

动作要点：上步要快，后仰主动积极。

易犯错误：靠不住对手。

纠正方法：上左步控制对手右腿，防止对手后撤，左臂控制对手左腿后撤，及时向后倒体。

（八）夹颈过背（Grip back）

动作要领：当对手用前手直拳击我方头部时，我方迅速用右前臂格挡并抓住其左前臂，左臂由对方右肩穿过后，屈肘夹住对手的颈部；同时右脚向右后退步至与左脚平行，两腿屈膝，身体拧腰右转，以左侧髋部紧贴对手前身；继而两腿蹬伸，向下弓腰牵拉对手，低头将对手背起后摔到。（图 2－110～图 2－113）

图 2－110

图 2－111

图 2－112

图 2－113

动作要点：夹颈牢固，退步，转身，拧腰摔要快速协调有力。

易犯错误：夹颈不牢固。

纠正方法：身体应该尽量贴靠对手，屈臂环绕夹紧。背不起对手。背步、转身、低头、蹬腿、弓腰动作要连贯、协调、用力、迅速。

六、散打运动的防守技术

（一）拍挡（The racket keeps off）

动作要领：以正架实战姿势开始，左手（右手）以拳心或掌心为力点，以肘关节为轴横向拍挡。（图 2－114；图 2－115）

图 2－114

图 2－115

动作要点:拍挡幅度不宜过大,发力短促有力.

动作用法:主要用于防守直线拳法和横向腿法对上身的攻击。

易犯错误: 幅度过大,且伸肘、伸臂的情况出现。

纠正方法:面对镜子或同伴监督,多多体会动作,并注意只动前臂。

(二)拍压(Pats the pressure)

动作要领:左(右)拳变掌,上臂内旋,以肘关节为轴,由上向前下在腹前拍压,同时身体微微向左(右)转,以腰带臂,力达掌心或掌根。(图 2－116;图 2－117)

图 2－116

图 2－117

动作要点:手腕和掌要紧张用力。

动作用法:对手用勾拳,蹬、踹等动作攻击我方腹部时,即可拍压。

易犯错误:手腕过于放松,臂伸的过直。

纠正方法:强调力量的同时多做徒手动作来强化拍压动作。

（三）内挂（In hangs）

动作要领：实战姿势开始，左手臂内旋，由上向下，向右斜下，向内挂防，同时上体微微右转。（图 2－118；图 2－119）

图 2－118

图 2－119

动作要点：以桡骨侧防守，肘关节不宜伸的过直，应略屈，动作幅度不宜过大。

动作用法：当对手使用蹬、踹等腿法攻击我方腹部时。

易犯错误：动作幅度过大。

纠正方法：面对镜子或同伴帮助，慢慢改进动作，多多体会正确动作的用力方法。

（四）外挂（External）

动作要领：实战姿势站立，左手由上向下，向左后斜下方挂防，同时上体微微右转。（图 2－120；图 2－121）

图 2－120

图 2－121

动作要点：肘关节不宜伸的过直，动作幅度不宜过大。

动作用法：对手使用鞭腿等腿法攻击我方腹部时，即可用外挂防守。

易犯错误：肘尖向外，直臂，动作幅度过大，出现横拦动作。纠正方法：面对镜子或同伴帮助，反复练习，强化外挂动作。

（五）里抄（In copies）

动作要领：左手臂由上向下，向内，同时前臂微屈并外旋，拳心向上，右手拳心由上向下按压于左手前臂处。（图 2 – 122 ~ 图 2 – 123）

图 2 – 122

图 2 – 123

动作要点：抱抄时两臂要紧贴于体前。

动作用法：对手用直线性腿法进攻我方腹部及以上部位时。

易犯错误：两臂离体，防守不严密。

纠正方法：两人一组，多做模仿练习。

（六）外抄（Outside copies）

动作方法：左手臂外旋的同时由上向下，向外运动，然后上臂紧贴于肋部，拳心向上，同时右上臂紧贴腹部，并迅速由上向下按压于左手前臂。（图 2 – 124；2 – 125）

图 2 – 124

图 2 – 125

动作要点:两肘要紧贴于躯干。

动作用法:主要用于接对手弧线性腿法,如鞭腿等。

易犯错误:两肘离体,两手防守不同时。

纠正方法:两人一组,一人消极攻击,一人多多体会外抄动作的防守方法。

(七)截腿(Truncation leg)

动作方法:左脚屈膝略上抬,脚尖勾起,向前下方阻截对方腿法攻击,力达脚掌。(图2-126~图2-129)

图2-126

图2-127

图2-128

图2-129

动作要点:提膝迅速,单腿支撑要稳当。

动作用法:在对手想用腿法攻击我方下盘或腰腹部位时,即可提膝防守。

易犯错误:支撑不稳,提膝过高不能迅速阻截。

纠正方法:两人一组,一人消极攻击,一人多做截腿练习,注意提膝不可过高。

（八）下躲闪（Next moves aside）

动作方法：屈膝，沉胯，上体前俯，含胸，收下颌，弧形向下躲闪，肘紧贴于肋侧，双手护于胸前。（图 2－130；2－131）

图 2－130

图 2－131

动作要点：全部动作要同时进行，目视对手，注意反击。

动作用法：对手用拳或腿法攻击我方头部位置时，采用躲闪防守。

易犯错误：只低头，不屈膝；或只屈膝而没有含胸、缩颈。

纠正方法：面对镜子或同伴帮助，多多体会动作的正确姿势。

第二节　散打运动基本战术

所谓战术是指运动员在临场复杂多变的比赛中，根据比赛的规律和各方面的情况随机应变，有判断、有目的、有预见的决定自己对付对手的计策活动和方法。自古以来我国兵书中有许多值得借鉴的地方。如《百战奇略》中记载："用兵之道，以计为首"；"若不计而进，不谋而战，必为敌败"。现代散打的训练方法，运动员的技术能力日趋接近，单靠身体、技术战胜对手逐渐变得困难，智取也就变得越来越重要。

一、散打战术的形式

（一）直攻战术

直攻战术：指在没有虚晃等假动作的掩护下，使用方法直接攻击对方。直攻战术的运用条件：

1. 对手的反应速度、动作速度、位移速度较自己慢时。

2. 当对手的攻防动作不够熟练时。

3. 当对手的技术水平明显低于自己时。

4. 当对手体力不支时。

5. 当对手防守出现空隙时。

6. 当双方距离能有效地使用进攻动作时。

（二）佯攻战术

佯攻战术：指在比赛中有目的地使用假动作，造成对方的错觉，把对方引入错误的判断，以实现自己真正的进攻意图。佯攻战术的运用条件：

1. 当对手反应速度快、防守能力强时。

2. 当我方直接进攻被防守、截击时。

在运用佯攻战术时，可以采用左右、前后、上下虚晃动作以及指上打下、指下打上等假动作转移、分散对手的注意，从而加以利用，以达到进攻的目的。

（三）迂回战术

迂回战术：指利用步伐的快速移动从侧面进攻。"有力当中上，无力走两旁"。迂回战术的运用条件：

1. 当对手动作力量大，正面攻击猛时。

2. 当对手把防守重点放在正面时。

运用迂回战术时，要在移动过程中充分利用移动的方向、角度、距离破坏对手的防守习惯，从而使对手在变换防守姿势时漏出空隙。

（四）强攻战术

强攻战术：指硬性突破对手的防守后发起攻击。强攻战术的运用条件：

1. 当技术不如对手，但力量、速度、耐力优于对手时。

2. 当比赛经验比对手缺乏，但身体素质和技术明显优于对手时。

3. 当对手近战能力、心理素质差时。

运用强攻战术时并不是蛮打蛮干，而是通过扬长避短的手段实现打击对手的目的。

（五）制长战术

制长战术：指在比赛中采用一定的方法或手段来控制对手所专长的技术，从而使对手不能充分发挥自己的优势技术。制长战术大约有以下几种：

1. 克制擅长用拳法的对手。

2. 克制擅长用腿法的对手。

3. 克制擅长用摔法的对手。

4. 克制擅长用重拳、重腿的对手。

5. 克制擅长主动进攻和防守能力强的对手。

6. 克制能攻能守技术的对手。

（六）制短战术

制短战术：指在比赛中集中自己的优势力量进攻对手的薄弱环节。每个运动员都有所长也必有所短，在比赛中我们要充分了解和掌握对方的短处和弱点，从而加以利用，以达到制胜的目的。了解对手弱点的主要途径：

1. 借助对方同其他人交手时进行观察。

2. 通过其他人进行调查，综合分析。

3. 在比赛中进行观察，通过试探性进攻迅速找出对手的弱点。

4. 观察对手以往的比赛录像等

在运用制短战术时，要及时调整自己的战术，攻击对方的弱点，同时也要不断变换方法，以避免对手观察自己的战术意图。

（七）多点战术

多点战术：指进攻点要立体交叉，进行全方位的进攻对手。当比赛中遇到一个适应能力强的对手时，采取单一的进攻方法很容易被对手有效的防御和反击，从而达不到有效进攻的目的。只能采取上、中、下路以及拳法、腿法、摔法的综合运用，使进攻点不断变化，最大限度的分散对手的防守能力；多点战术的运用条件：

1. 要求我方运动员必须技术全面、头脑灵活。

2. 具有很好的动作转换协调能力。

运用多点战术，在做身体重心高、动作幅度大等动作时要有防止被对手抱摔和闪躲反击的措施。

（八）重创战术

重创战术：指在比赛中对对手实施有效而且准确的打击，使对手丧失继续比赛的能力。重创战术的运用条件：

1. 自己的拳法、腿法要有较大的功力。

2. 要准确、果断、有力地打击对手能力差的部位。

3. 当自己的攻击力量和技术比对手好，但耐力不如对手时。

运用重创战术时，必须在规则允许的范围内寻找或制造机会，给对手以有力打击，迫使对手失去比赛的信心或放弃比赛。

（九）突袭战术

突袭战术：指在比赛中针对对手的习惯动作而采取相应的方法进行攻击，以达到出其不备的目的。突袭战术的运用时机与条件：

1. 抓住对手做习惯性动作时出现的空隙给予有效快速的打击。

2. 抓住比赛开始时裁判员“开始”口令刚落和比赛时双方抱缠而裁判员没有喊“停”时双方自然分开的空隙时间，迅速出击。

（十）下台战术

下台战术：指利用比赛规则和擂台等客观条件，运用有引进落空、逼打下擂等手段，迫使对手在比赛中被逼下台的战术手段。下台战术的运用方法：

1. 将对手引到擂台边缘，借力打力迫使对手下台。

2. 当对手迫于擂台边缘防守时，抓住时机进行连续、有效、合理的进攻，迫使对手下台。

（十一）边角战术

边角战术：指利于对手恐惧退到擂台边缘，怕下擂的心理进行的攻击战术。边角战术的运用时应注意的问题：

1. 在比赛中有目的的逼迫对手到擂台边缘，给对手心理造成恐慌，从而使对手动作混乱。

2. 要有防止被对手牵引下台的措施。

3. 要加强正面进攻，争取多进攻，多得分。

（十二）心理战术

心理战术：指在比赛前或比赛中通过一些特定的方法和手段，给对手以心理影响，从而使对手在比赛中不能正常发挥自己的优势，以达到赢得比赛的目的。心理战术的种类：

1. 隐瞒实力；麻痹对手。

2. 故意漏出破绽，给对手以错觉。

3. 激怒对手或让对手放松警惕。

第三章

散打身体素质训练

拥有强壮的身体和优秀的身体素质，是承担大强度身体训练；提高运动成绩；以及在比赛中获得胜利的基础，所以要想成为一名优秀的散打运动员，就应该具备过硬的身体素质。

第一节　力量素质训练

散打中讲的力量，不是指人们常说的搬运物体的力量，而主要是指运动员的爆发力，即武术中常常提到的"寸劲"。运动员的拳法、腿法、摔法是否有力；用力是否突然爆发；以及运动员蹬地转身时的防守或进攻瞬间，都与运动员是否有较强的爆发力息息相关。力量大，是出拳有力、出拳重的基础，但有力量并不代表出拳有力，也不代表出拳重。这是因为运动员没有掌握用力地顺序与技巧，只有经过系统的、科学的训练，才能将人体的力量以爆发的形式打击出去。

一、力量常用的训练方法

(一)上肢力量训练常用方法

1. 卧推杠铃

练习者仰卧在卧推架上，两手正握杠铃，做卧推杠铃的动作。(图 3－1；图 3－2)

图 3－1

图 3－2

要点:慢放;快推。即杠铃下落时后要缓慢,再突然用力推起,以此锻炼出拳的爆发力。

2. 杠铃或哑铃屈臂

两脚开立,两手反握器械,以肘关节为轴做屈伸动作,可做快速或慢速两种屈臂。(图 3－3;图 3－4)

图 3－3

图 3－4

要点:快速屈臂时器械可以适当轻些,慢速屈臂时,器械可以适当加重。

3. 胸前斜上推

两脚前后站力,两手正握杠铃于胸前,双手用力快速将器械向前斜上方推出,收回的同时前后双脚互换位置,如此反复。(图 3－5;图 3－6)

图3－5

图3－6

要点：推出；收回器械要迅速，收回时要注意换脚，以保持身体平衡。

（二）胸部力量训练常用方法

1. 俯卧飞鸟

练习者俯卧在长凳上，双手握住器械，两边重量相同，然后用力快速抬起双臂，再慢慢放下，如鸟儿飞翔。（图3－7；图3－8）

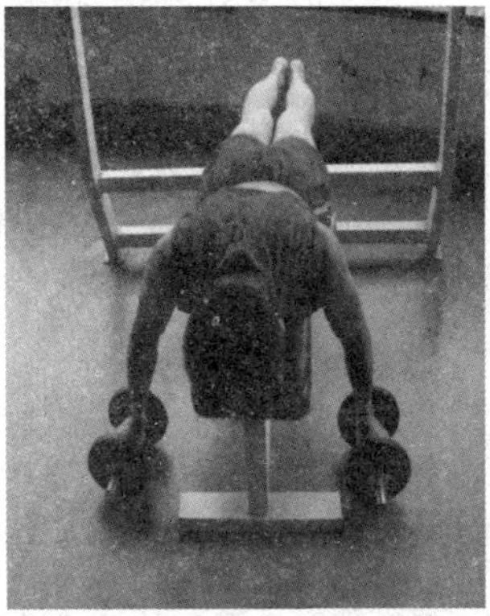

图3－7

图3－8

要点：双手抬起时快速有力，下落时缓慢，以免器械相互碰撞挤压手指。

2. 俯卧撑

练习者徒手撑地，手指向前，身体俯卧，要挺直，头保持正直，双手距离与自己的肩部同宽，或略宽于肩，从直臂开始，屈肘向下，背部要低于肘关节，然后再撑起还原。如此重复。（图3－9；图3－10）

图 3 – 9

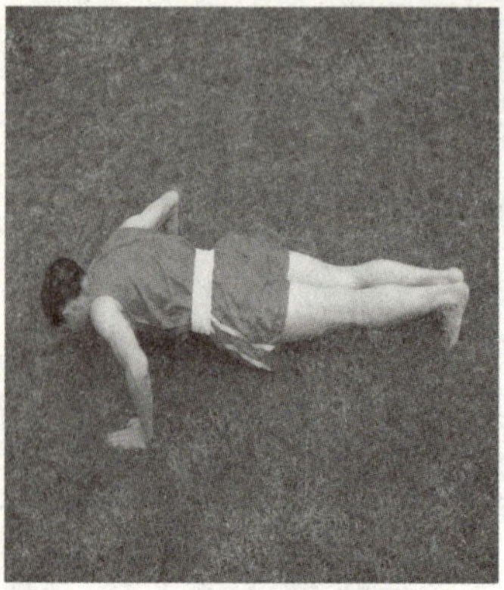

图 3 – 10

要点:不能出现塌腰的现象,始终保持腰部正直,而且要慢下快上。

(三)腰腹力量训练常用方法

1. 两头跷

练习者平躺在地或垫子上,双手交叉抱于后脑,上肢躯干与双腿同时用力抬起,做反弓动作,反复数次。(图 3 – 11;图 3 – 12)

图 3 – 11

图 3 – 12

要点:上肢躯干与双腿要同时快速抬起。

2. 两头起

练习者并腿,上体与双腿同时快速用力抬起,做收腹运动,用双手触摸脚背。(图 3 – 13;图 3 – 14)

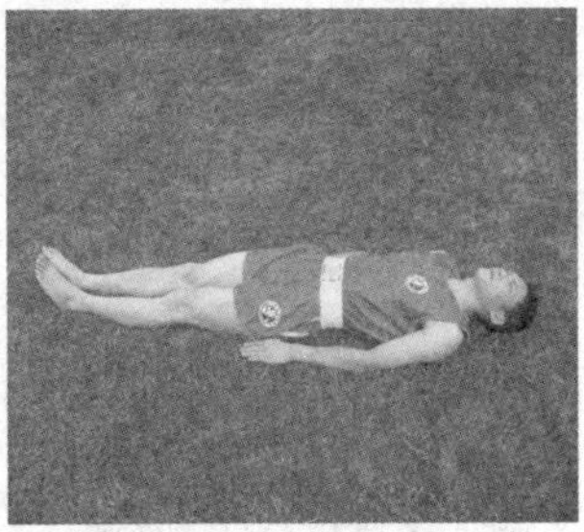

图 3－13

图 3－14

要点:上下肢抬起要同时、迅速、有力量。

3. 仰卧举腿

练习者仰卧于垫子上,握住同伴的脚踝或固定物,做收腹举腿的动作,然后原路返回,注意不能让脚跟落地。(图 3－15;图 3－16)

图 3－15

图 3－16

要点:练习者收腿迅速,放腿尽量控制,且收放腿时,膝关节不能弯曲。

4. 悬垂举腿

练习者双手抓住单杠或肋木,做收腹举腿动作。(图 3－17;图 3－18)

图 3－17

图 3－18

要点:收腹时膝关节不能弯曲,且每次举腿时要接近90°。

5. 俯卧背起

俯卧于垫上或地上,同伴双手按住其踝或固定在一个地方,练习者双手交叉抱头,反仰做反弓动作。(图3-19;图3-20)

图3-19

图3-20

要点:后仰时候,要尽自己最大努力做反弓动作。

(四)下肢力量训练常用方法

1. 单腿支撑

练习者一腿抬起不动,另一腿作屈伸动作。(图3-21~图3-23)

图3-21

图3-22

图 3－23

要点:伸腿时,要始终保持抬起腿不动。

2. 蛙跳

练习者下蹲做连续蛙跳动作。(图 3－24;图 3－25)

图 3－24

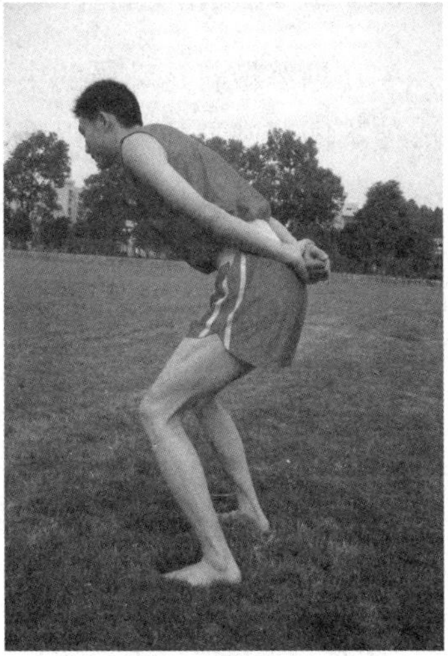

图 3－25

要点:动作要连续不断,在空中时候身体尽量展开成反弓动作。

3. 负重半蹲

练习者两脚开立，双手正握用颈后部抗杠铃，做半蹲再起的动作。（图 3 – 26；图 3 – 27）

图 3 – 26

图 3 – 27

要点：负重的重量要根据自己身体素质而定，且要有同伴或教练保护，以免膝关节或腰背受伤。

二、力量训练的基本要求

（一）在训练散打运动员的主要肌肉群的力量外，也要重视其他地方的肌肉力量训练；使不同肌肉群的力量得到协调的发展。

（二）要注意每次训练后的休息和放松，以利于肌肉能保持更好的弹性。

（三）力量素质增长较快，但其消退也同样比较快，所以力量训练应该保持，每周应该拿出一定的时间来加强力量的训练。

（四）在进行力量训练时候，练习水平低的运动员，练习时候应该比高水平运动员的训练量底，以免因为过度追求大力量训练而发生伤害。

第二节　速度素质训练

速度素质是快速防守与反击的基础。运动员无论是主动攻击，还是快速防守，都讲究突然、迅速，而只有拥有良好的速度素质，才能在比赛中出其不意地进行快速防守与反击。散打的速度素质包括了：反应速度、位移速度和动作速度三个基本的速度素质。反应速度是指对手做出攻防动作时，自己快速有效的做出与之相对应的防守或进攻动作，例如：对手使用摆拳横击我头部时，我立即下潜或后撤以避开对方进攻；位移速度是指一定时间内自己移动的距离；动作速度是指防守或进攻的速度，以及一定时间内所做的动作重复次数的多少。

一、反应速度常用训练方法

运动员的反应速度跟个体感知觉，头脑的快速反应和分析能力有很大关系；而且反应速度跟个人遗传也有很大的关系，但通过长期有效合理的训练，可以有效改变运动员的反应能力。

（一）信号刺激法

教练员通过语言、动作或任何其他提示，运动员迅速做出预先规定的动作。如：出拳、踢腿、喊左往右跑，喊前往后跑等等。

运动员作出的动作必须与事先规定动作符合，而且动作必须迅速。若动作与规定不符或动作迟缓，教练员可以采取一定的惩罚措施，惩罚措施可以是唱歌、快速出拳多少次等等。（图 3－28；图 3－29）

图 3－28

图 3－29

（二）实战演练

运动员和同伴可以模仿实战中可能出现的任何情况，进行多次重复的模仿训练。如同伴出直拳时，我侧身闪躲；同伴正蹬时，我抱腿截摔等等。如次重复，直到运动员能迅速、熟练的做出相应进攻或防守动作。（图 3－30；图 3－31）

图 3－30

图 3－31

（三）打靶训练

打靶训练可以是原地的，也可以是移动中的。同伴把靶藏于身后，然后突然摆出各种不同方向的靶位，练习者立即用拳或脚法打击靶心正中。打击时候必须迅速，且打击靶时动作必须合理有效。如当靶位在下方时，练习者不能为了打到靶心而下蹲用拳法去打击等等。练习者必须注意，打靶是为了锻炼自己的反应速度，不是为了打靶。（图 3－210；图 3－211）

图 3－32

图 3－33

二、位移速度常用训练方法

提高位移速度的主要方法是加强散打运动员中枢神经系统兴奋与抑制的转换，以及提高散打运动员大腿、小腿肌肉的力量。所以在平时训练当中，我们要多注意对散打运动员的以上几方面加强训练，以提高散打运动员在比赛中的位移速度，从而有效的实施进攻和防守战术。

（一）短距离急速冲刺

练习者可以用 90% 以上的速度冲刺 30 米、50 米等短距离，以此提高自己的突然移动速度。（图 3－34；图 3－35）

图 3－34

图 3－35

（二）步法练习

散打中位移速度的快慢也取决于自己散打基本步法的熟练程度，所以步法练习对散打运动员很重要。（图 3－36；图 3－37）

图 3－36

图 3－37

三、动作速度常用训练方法

散打中的动作速度主要是指运动员进攻或防守中的腿法、拳法以及步法的单个动作以及这些动作的组合。所以在训练中要把运动员的散打技术和动作速度训练相结合，只有这样运动员在比赛中才能快速发挥自己的拳法、腿法等动作。

（一）徒手训练

只有熟练的动作才能在比赛中快速自如的运用，所以在平时要多多加强徒手练习，使自己的动作达到自动化的地步。徒手练习时要设一个假想敌，而且拳法、腿法要正确、快速，但也不能图快而乱打一通。（图3－38；图3－39）

图3－38

图3－39

（三）上下肢爆发力训练

能不能快速的使出拳法或腿法爆发力也是很重要的一个因素，所以要加强手部和腿步肌肉的爆发力，使自己的拳法、腿法突然有力，训练时候可以用较大的或较中的器械做卧推杠铃、杠铃或哑铃屈臂、负重半蹲等动作。（图3－40；图3－41）

图3－40

图3－41

四、速度训练的基本要求

1. 速度训练应该在散打运动员中枢神经比较兴奋、运动欲望强的情况下进行，且一般安排在训练课的前半部分。

2. 散打运动员在比赛中多是通过眼来判断，并迅速做出反应，因此在平时训练中，多通过视觉训练来提高散打运动员的进攻或防守速度。

3. 动作速度或位移速度等都与散打运动员所掌握的步法、腿法、拳法的熟练程度息息相关，所以速度训练要紧密结合散打运动员的专项动作。

4. 在进行速度训练时，不能过急、过快，必须在有足够的基础和熟练合理的动作前提下进行必要的速度训练。

第三节 耐力素质训练

散打运动员要想在比赛中保持有效的攻击力量和动作质量，就必须具备良好的耐力素质，就必须具备能与持续运动情况下不断加深和积累的疲劳做斗争的能力。耐力又可以分为有氧耐力和无氧耐力。有氧耐力是指人体在氧气供应比较充足的情况下，能坚持长时间工作的能力。无氧耐力是指人体以无氧代谢为主要功能形式，坚持较长时间工作的能力。在散打训练中，通过对散打运动员耐力的训练，不仅可以大大加强运动员心血管系统的功能，改善有氧及无氧代谢的能力，而且还可以使人体的骨骼肌和关节韧带等运动系统能够承受更长时间的负荷。有氧耐力的采用持续训练的方法，心跳一般控制控制在 140 ~ 170 次每分钟。高于 170 次人体会不适宜；低于 140 次则会影响训练效果；训练的时间则取决于运动员的训练水平，一般来讲，有氧耐力训练时间不少于 20 分钟。无氧耐力一次练习的时间在 1 ~ 2 分钟，且重复的次数不应过多。

一、有氧耐力常用训练方法

（一）中长距离跑

在规定时间内跑完所需的距离，且中途不能休息。持续时间以 30 ~ 60 分钟为适宜。如长距离的越野跑。（图 3 －42；图 3 －43）

图 3 -42

图 3 -43

（二）组合技术徒手练习

可以快速、连续地重复一组或单个进攻或防守动作。每组动作做 2 分钟，重复 4 ~5 组。每组间休息 30 秒。（图 3 -44；图 3 -45）

图 3 -44

图 3 -45

二、无氧耐力训练方法

（一）短距离跑

短距离快速跑完 200 米、400 米等，且必须尽全力。（图 3 -46；图 3 -47）

图 3－46

图 3－47

（二）变速跑

可采用400米或800米变速跑。弯道慢跑或走，直道全力冲刺跑。（图3－48；图3－49）

图 3－48

图 3－49

三、耐力训练的基本要求

（一）重视运动员呼吸能力的培养

呼吸对耐力训练十分重要，通过合理有效的呼吸，可以使散打运动员在比赛中得到更多的氧气，从而一定程度上减轻因氧气不足而出现的机体能力下降等问题。因此在训练时，要求运动员加大呼吸的深度和频率，并注意呼吸的频率和节奏的协调性。

（二）加强意志力的培养

散打运动员的意志力在比赛中是很重要的，当同水平运动员在比赛中耐力都下降的情况下，往往取得胜利的是意志力比较坚强的。所以在平时要加强对运动员的意志力的训练。

（三）注意呼吸部位的培养

由于散打运动员在比赛中带有护齿，因此只能用鼻子进行呼吸，所以在平时训练中要强调运动员多用鼻子进行呼吸，以培养运动员用鼻子呼气的能力。

第四节　柔韧素质训练

柔韧性是指人体关节在不同方向上的运动能力，以及肌肉、韧带的伸展及弹性。柔韧在散打中也占有很大的作用，散打运动技术中对柔韧性要求较高的一些高难度动作，没有良好的柔韧性，是无法掌握和完成的；良好的柔韧素质，不但可以促进散打运动员其他运动素质的提高，而且还可以减少和预防运动损伤。如果运动员柔韧不行的话，在散打中腿法的应用就会受到牵制，影响比赛，也会因为强迫使用而出现动作变形，给对手可乘之机或受伤。柔韧训练的方法可以是动力拉伸，也可以是静力拉伸，一般都以压、搬、劈、踢、摆等为主进行练习。

一、柔韧训练常用方法

（一）肩部韧带训练方法

1. 压肩

练习者两脚开立，两手伸直放于一定高度的物体之上，肩关节放松，并上下振动，也可以同伴施力下压练习者肩部。（图 3－50；图 3－51）

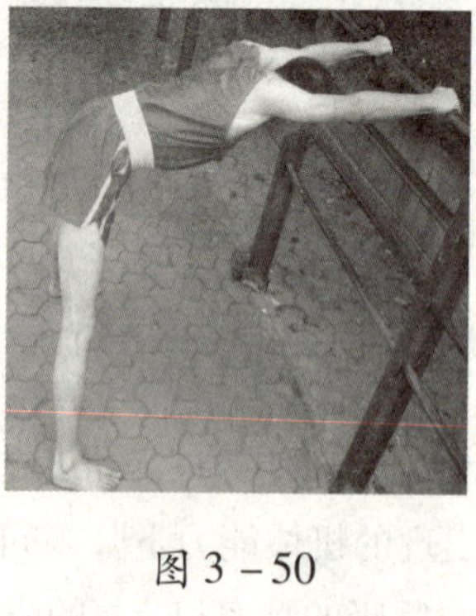

图 3－50

图 3－51

要点：两臂和两腿要伸直，肩部要放松。

2. 交叉绕环

练习者两脚开立，两臂举于头上。一臂向前、向下、向后绕环，异侧臂向后、向下、向前绕环，两臂同时在身体侧面画立圆。（图 3－52～图 3－55）

图 3－52

图 3－53

图 3－54

图 3－55

要点：臂伸直，肩放松，绕环时，贴身走立圆，且双手要同时向反方向饶环。

3. 转肩

练习者双手正握木棍，握的距离刚开始可以稍微宽一些，从前向上、向后转肩。

要点：两手的距离要合适，两肩要放松转动。（图 3－56～图 3－58）

图 3－56

图 3－57

图 3－58

（二）腰部韧带训练方法

1. 涮腰

练习者两脚成左弓步，身体前探，右手在左斜前方，左手向右斜后方，右手先行，以手带臂，在带动腰向左、向后、再向右绕环。反复多次，后换成右弓步。

要点：以腰为轴，借助上体的前俯、后仰两臂尽量向远端伸出，以增大绕环幅度。（图 3－59～图 3－63）

图 3－59

图 3－60

图 3－61

图 3－62

图 3－63

2. 屈体运动(图 3－64;图 3－65)

练习者双脚并立,双手交叉,前屈身体,以掌心触地。

图 3－64

图 3－65

要点:双臂和双腿不能弯曲,尽量以掌心触地。

(三)腿部韧带训练方法

1. 正压腿

练习者面对一定高度的物体,一脚支撑,一脚脚尖勾起,放于物体之上,做体前倾动作,以自己的胸部去接近自己的膝关节,向下振动。(图 3－66;图 3－67)

图 3－66

图 3－67

要点:正压腿时,脚尖要勾起,双腿要伸直,尽量以自己的胸去接近膝关节。

2. 后压腿

练习者背对一定高度的物体，把一只脚的脚背绷直放于物体之上，另一只脚支撑，上体向后振动，做反弓。（图 3－68；图 3－69）

图 3－68

图 3－69

要点：双腿伸直，膝关节不能弯曲。

3. 正扳腿

练习者左腿直立，右手握住右脚向前伸直。（图 3－70；图 3－71）

图 3－70

图 3－71

要点：挺胸、脚尖勾紧，支撑腿和上体尽量保持正直。

4. 侧扳腿

练习者，右腿直立，左腿屈膝提起，左手经小腿内侧托住脚跟；然后将左腿向左上方扳起。到肌肉感觉最痛的时候保持 10 秒钟；然后放下快速侧踢腿。（图 3－72；图 3－73）

图 3－72

图 3－73

要点：支撑腿与上体保持正直

5. 竖叉

练习者两腿前后分升成直线，右腿脚背着地，左腿脚跟着地，脚尖蹦直。（图 3－74；图 3－75）

图 3－74

图 3－75

要点：挺胸、立腰、沉髋、挺膝，两腿成一条直线。

6. 横叉

练习者两臂在体前扶地，两腿左右分开成直线，脚内侧着地。（图 3－76；图 3－77）

图 3－76

图 3－77

要点：挺胸、立腰、沉髋、挺膝，两腿成一条直线。

二、柔韧训练的基本要求

1. 由于散打自身的特殊性，运动员在比赛中运用最多的是拳法和腿法，所以要在全面发展运动员的柔韧性，特别注重肩、腿部位的柔韧训练。但同时也不能因为过分追求柔韧而影响关节的稳固性和运动员出拳、踢腿的力量。

2. 在进行柔韧训练之前，应先进行准备活动，使身体预热，以免肌肉或韧带发生拉伤、拉断的情况。

3. 柔韧训练应保持经常性，因为柔韧是消退的比较快的一项身体素质，而且随着年龄的增长有逐步退化的趋势，所以每周我们应该拿出 2～3 天进行柔韧素质的训练。

4. 柔韧性训练结束后必须快速活动刚刚训练的部位，如压肩后则快速的出拳，压完腿后则快速的正踢腿或外摆腿，以免因为因训练柔韧而导致关节无力的现象。

第五节　灵敏素质的培养

灵敏性是指运动员动作技能和运动素质在各种突变的运动过程中，能够迅速、准确、协调的改变，以和外界刺激相互适应。灵敏素质取决于运动员自身的各个运动器官的功能和他们的配合协调程度，是运动员各种基本运动素质、运动技能和心理感知能力的综合体现，是一种典型的复合素质。散打运动员的灵敏高，可以有效、准确、迅速地躲闪对方的进攻，并施以快速、准确的技术伺机反击；也是正确运用和发挥战术功能的重要保证；同时良好的灵敏素质还可有效地应付各种意外事件和预防伤害事故的发生。可以说，良好的灵敏素质是成为一名优秀散打运动员的必备条件之一。影响灵敏素质的因素很多，包括运动反应能力、时间感知能力、空间感知能力等等。

一、灵敏素质训练方法

衡量一个散打运动员灵敏素质是否优秀，主要是看运动员在比赛中能否对赛场上的突发情况做出迅速、准确的判断，并能做出相应的措施。所以散打运动员的灵敏素质也应该从迅速、准确等几方面进行训练。迅速性，主要以发展运动员的反应、位移和动作速度为主；对于准确性，主要以训练运动员的时空判断、肌肉的本体感觉和专门化知觉几个方面为主。发展灵敏素质的练习，要求神经的兴奋性较高，由此，散打灵敏训练可以安排在运动员中枢神经兴奋高，运动欲强的时候进行。

（一）游戏训练法

只要是能够发展灵敏反应的游戏都可以作为散打灵敏训练的手段，如：把队员分为 A、B 两组，两组面对面，并间隔一段距离，当教练喊 B 时候，B 迅速转身跑，A 则追赶 B，反之等等。（图 3－78；图 3－79）

图 3－78

图 3－79

（二）双人对抗练习

练习者和同伴组成一组，由同伴迅速出拳或腿法攻击练习者，练习者则采用相应的防守和反击技巧。同伴出拳或腿时要快，但应点到为止，以免误伤练习者。（图3－80；图3－81）

图3－80

图3－81

（三）打靶训练法

打靶训练可以是原地的，也可以是移动中的。同伴把靶藏于身后，然后突然摆出各种不同方向的靶位，练习者立即用拳或脚法打击靶心正中。打击时候必须迅速，且打击靶时动作必须合理有效。（图3－82；图3－83）

图3－82

图3－83

（四）单人练习法

单人练习时，可用象限双脚跳，各种步法练习中的突然变向、急停、起动等进行训练，也可以设一个假想敌进行攻防训练。（图 3－84；图 3－85）

图 3－84

图 3－85

二、灵敏训练的基本要求

1. 由于灵敏素质对运动员神经系统的兴奋性要求较高。因此，练习多安排在训练课的前半部分，在运动员体力充沛、精神饱满、中枢神经兴奋性比较高的时候进行。

2. 灵敏素质的最佳训练敏感期在 8～12 岁，所以，灵敏素质的训练，应该从小就抓起。

3. 散打的灵敏主要运动在运动员比赛对抗中，所以散打运动员的灵敏素质应该和散打的各种技术、战术训练相互结合，使运动员在比赛中能合理有效的运用。

第四章

散打运动快乐速成途径

多次重复练习散打的步法、拳法、腿法、摔法等技战动作对散打初学者来说是十分单调而且枯燥的，想要成为一名十分专业的散打运动员必须经历长期而且刻苦的训练，那么对散打初学者来说有没有一种简单并且实用的方法呢？本章将重点把散打动作简单化、趣味化、游戏化，力求给初学者一种快乐、实用并且能速成的方式。

第一节　散打步法快乐速成途径

一、游戏速成法

（一）接力赛

方法：

将学生分成人数相同的两支队伍，并且在一定距离分别画上起点和重点线，规定队员必须采用前滑步去，然后后滑步回或者左滑步去，右滑步回等等。

游戏规则：

1. 必须规定在步法准确的情况下完成动作，不能贪图快而出现跑等犯规现象。

2. 折回时候必须触摸到终点线，否则算输。

（二）模仿追逃

方法：

全体学生面向内站成一个圆圈，选出一个学生做逃跑者，在圈外用前滑步、后滑步、左滑步、右滑步等步法移动，并在移动中伺机用手拍击任意一名队员的背部，拍完后迅速采用各种步法逃跑，被拍的学生则照者逃跑人所做的步法追赶，如果逃跑者未跑完一圈就被追上，则仍做逃跑者，追逐者则回到自己原位，游戏继续；反之，如果未被追上，则逃跑者替代追逐者的位置，追逐者变成逃跑者，游戏继续。

游戏规则：

1. 追逐者所做的步法动作必须和逃跑者一样，否则判定未失败。

2. 逃跑者不能跑出离开圆圈一米之外，也不能进入圈内，否则算被抓，判为失败。

（三）口令

方法：

学生成体操队形散开，教师事先给学生规定："前滑步与后滑步；左滑步与右滑步；上步与撤步等各为一组反口令动作"。教师叫前滑步时，学生做后滑步，教师叫后滑步时，学生做前滑步。（图4－1；图4－2）

图4－1

图4－2

游戏规则：

1. 凡动作与教师口令相同；中途变更动作；下达口令后反应过于缓慢者，均判定为失败者。

2. 学生做动作时必须移动，不能原地跳换动作，否则判定为犯规。

二、趣味练习速成途径

（一）两人配合练习法

教师把学生分成两队，两队队员面对面站立成两排，分主动与被动进行练习，主动方做出各种动作步法，被动一方根据对方的步法而迅速做出快速反应。（图4

－3；图4－4）各步法对应关系如下：

前滑步—后滑步；左滑步—左滑步；右滑步—右滑步；上步—撤步；插步—盖步；跳换步—跳换步；垫步—垫步；跨步—跨步。

图4－3

图4－4

（二）步法组合练习

初学者可以任意把两种或两种以上步法组合起来练习，如：前滑步加上步再加垫步等等。借此形成一套自己的移动步法，这样在突发情况下就能迅速灵活的应用自如。（图4－5；图4－6）

图4－5

图4－6

第二节　散打拳法快乐速成途径

一、游戏速成法

（一）看谁出拳快

方法：

让学生成体操队形散开，教师规定时间，让学生在固定时间内比比谁出的拳速度最快，谁出的拳次数最多。（图 4－7；图 4－8）

图 4－7

图 4－8

游戏规则：

1. 学生必须严格按照拳法要点出拳，不能乱打乱出。否则判为输。

2. 游戏采用三打二胜制，这样既能给输的学生有翻盘机会，又能锻炼学生的拳法。

（二）反口令

方法：

学生成体操队形散开，教师事先给学生规定："前手直拳与后手直拳；左摆拳与右摆拳；左勾拳与右勾拳；左鞭拳与右鞭拳各为一组反口令动作"。教师叫前手直拳时，学生迅速做出后手直拳；叫左摆拳时，学生立即做右摆拳；叫左勾拳时，学生迅速做右勾拳；叫左鞭拳时，学生迅速做右鞭拳。（图 4－9；图 4－10）

图 4－9

图 4－10

游戏规则：

1. 凡动作与教师口令相同；中途变更动作；下达口令后反应过于缓慢者，均判定为失败者。

2. 学生所做动作必须正确且按拳法固定动作做，否则认为犯规。

二、趣味练习速成途径

（一）两人配合练习法

教师把学生分成两队，两队队员面对面站立成两排，分主动与被动进行练习，主动方做出各种动作步法，被动一方根据对方的步法而迅速做出快速反应。可用各种防守动作消极防守。（图 4－11；图 4－12）

如：对方出前手直拳，可用拍档、拍压；对方用蹬腿、踹腿等腿法时候可用内挂防守；对方用鞭腿时候可用外挂；对方用直线型腿法时候可用里抄；对方用弧线型腿法时可用外抄；对方想用腿法攻击我方下盘时候可用截腿；对方用拳法或腿法攻击我方头部时候，可用下躲闪。

图 4－11

图 4－12

(二)拳法组合练习

初学者可以任意把两种或两种以上拳法组合起来练习,如:前手直拳加后手直拳;前手直拳加后手摆拳;前手直拳加转身鞭拳法;前手直拳加后手直拳再加前手摆拳再加后手勾拳等等。借此形成一套自己的移动步法,这样在突发情况下就能迅速灵活的应用自如。(图4-13;图4-14)

图4-13

图4-14

(三)打靶练习法

两人一组,一方把手靶藏于背后,面对对方,随机给出靶心的位置,练习者根据靶心位置,迅速判断应该出的拳法。(图4-15;图4-16)

图4-15

图4-16

三、沙袋练习法

（一）直拳

前手与后手直拳练习打击沙袋，30 次为一组，每组间隔 30 秒左右，连续练习 10～15 组。（图 4－280；图 4－281）

图 4－17

图 4－18

要点：前后手交替要快，出拳有力。

（二）摆拳

左右摆拳连续击打沙袋，30 次为一组，每组间隔 30 秒左右，连续练习 10～15 组。（图 4－19；图 4－20）

图 4－19

图 4－20

要点：交替迅速，力从腰发，手臂不可太直。

(三)勾拳

左右手勾拳连续快速交替击打沙袋,30 次为一组,每组间隔 30 秒左右,连续练习 10 ~ 15 组。(图 4 – 21;图 4 – 22)

图 4 – 21

图 4 – 22

要点:交替迅速,力要由下到上,发力要短促有力。

(四)鞭拳

左右手鞭拳连续交替击打沙袋,30 次为一组,每组间隔 30 秒左右,连续练习 10 ~ 15 组。(图 4 – 23;图 4 – 24)

图 4 – 23

图 4 – 24

要点:鞭打时要力达拳面。

四、实战运用练习

(一)直拳的实战运用

1. 前手直拳击面

当与对手在对峙或对手不注意且双方距离比较短时,应迅速采用上步或前滑步上前用前手直拳击打对手面部,击打时候注意用后手保护自己面部以及肋部,以防对方突然袭击。(图4－25;图4－26)

图4－25

图4－26

2. 后手直拳击腹

当对手用拳法攻击我方头部时,迅速下躲闪,并用后手直拳击打对方腹部。(图4－27;图4－28)

图4－27

图4－28

3. 前后手直拳连续击面

当与对手对峙或对手不注意且双方距离比较短时，应迅速采用上步或前滑步上前并用前手与后手直拳快速连续击打对手面部。（图 4－29；图 4－30）

图 4－29

图 4－30

4. 前后手直拳连续击腹

当对手用拳法攻击我方头部时，迅速下躲闪，并用前手与后手直拳连续快速击打对方腹部。（图 4－31；图 4－32）

图 4－31

图 4－32

（二）摆拳的实战运用

1. 侧身摆拳击面

当对手用左手或右手直拳击打我时，迅速向对手左或右边闪躲避开来拳，同时迅速用左手或右手摆拳击打对方左面或右面脸颊。（图 4－33；图 4－34）

图 4－33

图 4－34

2. 下躲闪摆拳击肋

当对手用左手或右手摆拳击打我面颊时，迅速下潜躲开来拳，同时迅速用左手或右手摆拳击打对手左肋或右肋位置。（图 4－35；图 4－36）

图 4－35

图 4－36

3. 左右摆拳连续击面

我方用弹拳假意攻击对手面部，当对手用手防御面部时，迅速上前用左手和右手摆拳连续交替击打对手面颊。（图 4－37；图 4－38）

图 4－37

图 4－38

（三）勾拳的实战运用

1. 后手勾拳击腹

当敌我双方对峙时，我方以前手直拳佯攻对方头部，当对手防守重心放在头部时，用前滑步或上步向前移动，用后手勾拳击打对方腹部。（图 4－39；图 4－40）

图 4－39

图 4－40

2. 勾拳击肋

当对方用直拳或用摆拳攻击我方头部时，我方迅速下潜，并用左手或右手勾拳击打对方没有防御的一方肋部。（图 4－41；图 4－42）

图 4－41

图 4－42

3. 勾拳击面

当对方上步欲抱我方腿施展摔法时，我方以勾拳攻击对方的头面部。（图 4－43；图 4－44）

图 4－43

图 4－44

（四）鞭拳的实战运用

1. 鞭拳击面

当敌我双方对峙时，我方用直拳佯攻对方头部，当对方后闪躲闪时候，我方迅速用鞭拳击打对方面部。（图 4－45；图 4－46）

图 4－45

图 4－46

2. 右鞭拳转身击面

当对手想从背后袭击我方时候，我方迅速向右后转身，并用右鞭拳击打对方右面颊。（图 4－47；图 4－48）

图 4－47

图 4－48

3. 左手外挂右手鞭拳击面

当对手用左腿鞭腿击打我方时候，我方用左手外挂格挡对方攻击，然后迅速右转身用鞭圈击打对方面部。（图 4－49；图 4－50）

图 4－49

图 4－50

（五）弹拳的实战运用

1. 弹拳击面

当敌我双方对峙时；或对手面部出现防守漏洞时，我方迅速上前，用弹拳击打对方面部。（图 4－51；图 4－52）

图 4－51

图 4－52

2. 弹拳佯攻

当对方想上前用抱摔时，我方则用弹拳佯攻对方，使对方不敢轻易上前。（图 4－53；图 4－54）

图 4－53

图 4－54

第三节　散打腿法快乐速成途径

一、游戏速成法

（一）看谁出腿快

方法：

让学生成体操队形散开，教师规定时间，让学生在固定时间内比比谁出腿的速度最快，谁出腿的次数最多。（图 4－55；图 4－56）

图 4－55

图 4－56

游戏规则：

1. 学生必须严格按照腿法要点出腿，不能乱打乱出。否则判为输。

2. 游戏采用三打二胜制，这样既能给输的学生有翻盘机会，又能锻炼学生的腿法。

(二)反口令

方法：

学生成体操队形散开，教师事先给学生规定："左蹬腿—右蹬腿；左踹腿—右踹腿；左鞭腿—右鞭腿；左勾踢—右勾踢各为一组反口令动作"。教师叫左蹬腿时，学生迅速做出右蹬腿；叫左踹腿时，学生立即做右踹腿；叫左鞭腿时，学生迅速做右鞭腿；叫左勾踢时，学生迅速做右勾踢。(图 4－57；图 4－58)

图 4－57

图 4－58

游戏规则：

1. 凡动作与教师口令相同；中途变更动作；下达口令后反应过于缓慢者，均判定为失败者。

2. 学生所做动作必须正确且按拳法固定动作做，否则认为犯规。

二、趣味练习速成途径

(一)两人配合练习法

教师把学生分成两队，两队队员面对面站立成两排，分主动与被动进行练习，主动方做出各种动作腿法，被动一方根据对方的步法而迅速做出快速反应。可用

各种防守动作消极防守。(图 4 - 59;图 4 - 60)

图 4 - 59

图 4 - 60

(二)腿法组合练习

初学者可以任意把两种或两种以上腿法组合起来练习,如:前腿低鞭——后腿侧踹等等。(图 4 - 61;图 4 - 62)

图 4 - 61

图 4 - 62

(三)打靶练习法

两人一组,一方把脚靶藏于背后,面对对方,随机给出靶心的位置,练习者根据靶心位置,迅速判断应该出的腿法。(图 4 - 63;图 4 - 64)

图 4－63

图 4－64

三、沙袋练习法

（一）蹬腿

左右腿轮流蹬击沙袋，30 次为一组，每组间隔 30 秒左右，连续练习 10～15 组。练完后换腿继续练习。（图 4－65；图 4－66）

图 4－65

图 4－66

要点：屈膝高抬，爆发用力。

（二）踹腿

左右腿轮流连续踹击沙袋，30 次为一组，每组间隔 30 秒左右，连续练习 10～

15 组。练完后换腿继续练习。（图 4－67；图 4－68）

图 4－67

图 4－68

要点：爆发用力。

（三）鞭腿

左右腿轮流鞭打沙袋，30 次为一组，每组间隔 30 秒左右，连续练习 10～15 组。练完后换腿继续练习。（图 4－69；图 4－70）

图 4－69

图 4－70

要点：上体不宜倾斜过大，爆发用力。

四、树桩练习法

（一）勾踢腿

左右腿轮流勾踢树桩，30 次为一组，每组间隔 30 秒左右，连续练习 10～15 组。

练完后换腿继续练习。(图 4－71;图 4－72)

图 4－71

图 4－72

五、实战运用练习

(一)蹬腿的实战运用

1. 左蹬腿击胸

双方对峙时,我方突然施展左蹬腿袭击对方腹部;或以拳法佯攻对方上体,继而突然施展左蹬腿袭击对方胸部。(图 4－73;图 4－74)

图 4－73

图 4－74

2. 后闪躲避左蹬击腹

对方用拳法攻击我方头部时,我方迅速后闪,并以左蹬腿攻击对方腹部,以阻

止对方的继续攻击或直接击倒对方。(图4－75;图4－76)

图4－75

图4－76

3. 提闪蹬肋

当对手用勾踢腿攻击我方前小腿时,迅速提膝,并施展蹬腿攻击对方肋部。(图4－77;图4－78)

图4－77

图4－78

4. 互击蹬腿

双方用拳法互相攻击时,我方突然迅速屈膝抬腿将对方蹬开。(图4－79;图4－80)

图 4－79

图 4－80

5. 蹬腿破侧踹腿

当对手想用侧踹退攻击我方时，抢先以蹬腿攻击其大腿外侧，封堵其进攻。(图 4－81；图 4－82)

图 4－81

图 4－82

(二)踹腿的实战运用

1. 低踹退破蹬腿

当对手想用蹬腿攻击我方时，我方迅速用低踹退攻击对方小腿，封堵其攻击。

（图 4－83；图 4－84）

图 4－83

图 4－84

2. 踹腿击胸

当对手欲向我进攻时，我方突然施展前脚侧踹腿攻击对手胸部。（图 4－85；图 4－86）

图 4－85

图 4－86

3. 退步踹腿

当对手用上步慢慢向我方逼近时，我方出其不意的施展踹腿攻击对方前腿大腿，迫使其停止前进。（图 4－87；图 4－88）

图 4－87

图 4－88

4. 冲拳接右腿侧踹击胸

我方用拳法佯攻对手头部，当对手防守重心放于头部或后退时，我方迅速采用右腿攻击对方胸部。（图 4－89；图 4－90）

图 4－89

图 4－90

5. 左右蹦腿连环击胸

我方用左蹦腿攻击对方胸部，然后迅速还原成防守姿势，再用右腿蹦击对方胸部。（图4－91；图4－92）

图4－91

图4－92

6. 撤步蹦腿

当对方以蹦腿攻击我方时，我方用撤步稍稍后撤，等对手回收腿时，迅速垫步蹦击对方胸部或头部位置。（图4－93；图4－94）

图4－93

图4－94

(三)鞭腿的实战运用

1. 鞭腿击小腿

双方对峙时,我方用低鞭腿攻击对方小腿。(图4-95;图4-96)

图4-95

图4-96

2. 鞭腿击大腿

双方对峙时,我方用低鞭腿攻击对方大腿。(图4-97;图4-98)

图4-97

图4-98

3. 鞭腿击头部

双方对峙时，我方用低鞭腿攻击对方头部。（图 4 - 99；图 4 - 100）

图 4 - 99

图 4 - 100

4. 拍压鞭腿击肋

当对手用直拳攻击我方面部时，我方用手拍压其进攻的同时，用鞭腿攻击对方防守薄弱的一侧肋部。（图 4 - 101；图 4 - 102）

图 4 - 101

图 4 - 102

5. 外挂鞭腿击腰

当对手用侧踹腿攻击我方时，我方用外挂化解其进攻，并用异侧腿突然鞭打对方腰部。（图 4－103；图 4－104）

图 4－103

图 4－104

6. 提膝低鞭腿反击

当对手用鞭腿攻击我方前小腿时，立即提膝闪躲，当对手回收腿时，迅速用低鞭腿攻击对方小腿。（图 4－105；图 4－106）

图 4－105

图 4－106

(四)勾踢腿的实战运用

1. 右腿勾踢踝部

当对手用上步欲抢先进攻,重心落在前面一只脚时,我方当即用勾踢腿勾踢对手前脚踝关节位置。(图 4 - 107;图 4 - 108)

图 4 - 107

图 4 - 108

2. 前手直拳加左腿勾踢小腿

我方用前手直拳佯攻对方面部,迫使对方防守或后闪,然后迅速用左腿勾踢对方前面一只脚的小腿部位。(图 4 - 109;图 4 - 110)

图 4 - 109

图 4 - 110

3. 抱腿上提勾踢

双方实战姿势站立或在双方缠斗一在起时，我方迅速用右手抱住对方左大腿，左手抱住对手腰腹部位置，将其向上提起的同时用右脚勾踢对方支撑腿踝关节位置。（图 4－111～图 4－114）

图 4－111

图 4－112

图 4－113

图 4－114

4. 下躲闪勾踢小腿

当对手用直线型拳法攻击我方头部时，迅速下潜，并勾踢对手前脚小腿。（图

4－115；图4－116）

图4－115

图4－116

（五）截腿的实战运用

1. 直接截腿

当对方上步向我方靠近时，快速采用截腿攻击对手前脚膝关节处，迫使对方防守或放弃进攻。（图4－117；图4－118）

图4－117

图4－118

2. 截腿破侧踹腿

当对手想用侧踹腿攻击我方时，在对手抬腿的一刹那，迅速采用截腿攻击对方，封堵对方的攻击。（图 4－119；图 4－120）

图 4－119

图 4－120

3. 截腿破蹬腿

当对手想用正蹬腿攻击我方时，在对手抬腿的一刹那，迅速采用截腿攻击对方，封堵对方的攻击。（图 4－121；图 4－122）

图 4－121

图 4－122

4. 截腿加踹腿

我方用截腿佯攻对手下盘，当对手提膝防守或采用后撤步后退时，迅速下落截腿，并用后脚踹击对方腹部。（图4－123；图4－124）

图4－123

图4－124

第四节　散打摔法快乐速成途径

一、趣味练习速成途径

（一）两人配合练习法

教师把学生分成两队，两队队员面对面站立成两排，分主动与被动进行练习，被动一方消极防守站立，主动一方运用各种摔法摔倒。（图4－125；图4－126）

图4－125

图4－126

二、实战运用练习

（一）抱腿前顶

动作要领：上左步并迅速下潜至对手膝关节处。同时双手抱住对手双腿膝关节窝处，用力往回拉，同时用左肩前顶对手大腿或腹部将对手摔到。（图 4－127；4－128）

图 4－127

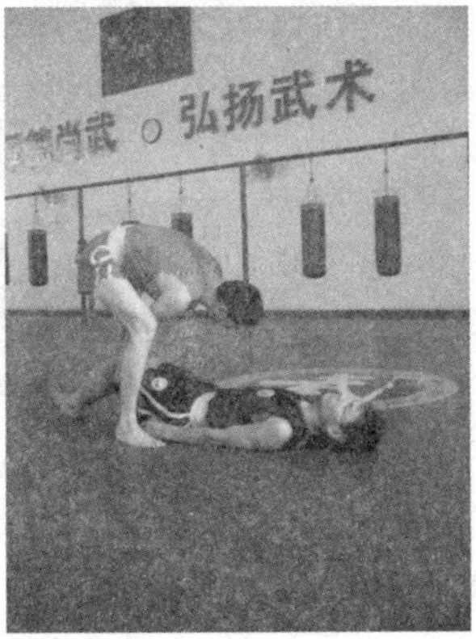

图 4－128

动作要点：抱腿紧，肩顶有力，下潜速度快。

（二）抱腿别腿

动作要领：双方实战站立或对手起腿弹踢时，上步下潜或闪身上步抱住对手大腿，同时用和对手异侧腿插在其支撑腿后面，然后上体后转用胸下压对手前腿，将其摔到。（图 4－129～图 4－132）

图 4－129

图 4－130

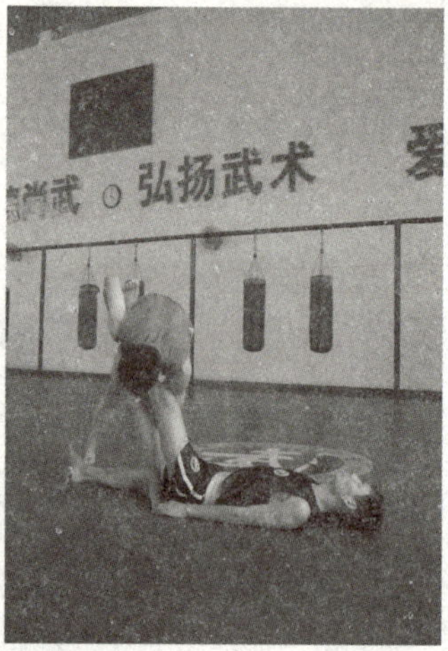

图 4－131

动作要点：抱腿准、及时、有力，转体压腿要协调连贯。

（三）抱腿打腿

动作要领：一方上左步下潜或实战时闪身上左步抱住对手左腿，抱起后，左腿向前摆至对手右腿膝关节窝处，随上体右转的同时，左小腿后打对手右腿。（图4－132～图4－134）

图 4－132

图 4－133

图 4－134

动作要点:下潜或闪身上步快;抱腿要准;前摆,转身,后打要连贯协调。

(四)抱腿上托

动作要领:当对手用蹬腿蹬我胸部及以上位置时,双手立即将其固定,同时迅速猛力向前,向上托送使其倒地。(图 4－135;图 4－136)

图 4－135

图 4－136

动作要点:抓腿,托送动作要连贯迅速。

(五)抱腿旋压摔

动作要领:当对手用左鞭腿攻击我时,我在格挡或躲闪对方来腿同时向下伸手接抱住对手攻击腿，两手一上一下将其固定，腿迅速伸向对手支撑腿的左前下方，同时屈体向右下方转身并用左肩拧压对方攻击腿。（图 4－137～图 4－139）

图 4－137

图 4－138

图 4－139

动作要点：接腿迅速；左肩向下旋压时，右手应猛力向上抬；施压改变方向要突然；施压时应贴近对手。

（六）抱腿上提勾踢

动作要领：双方实战姿势站立或在双方缠斗一在起时，我方迅速用右手抱住对方左大腿，左手抱住对手腰腹部位置，将其向上提起的同时用右脚勾踢对方支撑腿踝关节位置。(图 4 - 140 ~ 图 4 - 142)

图 4 - 140

图 4 - 141

图 4 - 142

动作要点：上提与勾踢要同时。

(七)穿腿靠摔

动作要领：我方迅速向对手右腿后侧上步别其腿，同时下潜，以左臂向对手两腿插入并向对手前方别其右膝关节窝处，左手向后按，随即上体后仰并屈膝前顶。

动作要点：上步要快，后仰主动积极。（图 4－143～图 4－145）

图 4－143

图 4－144

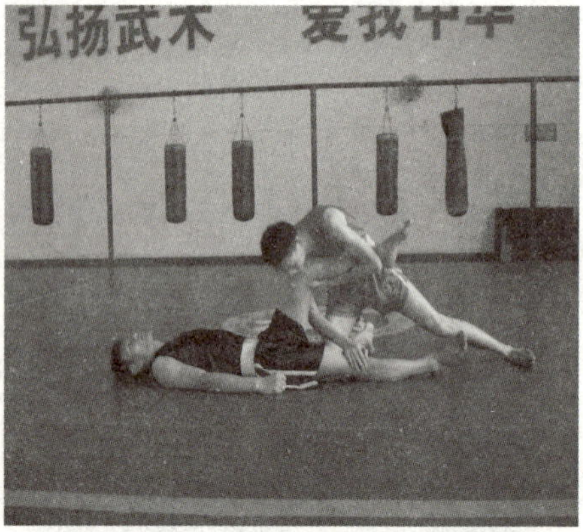

图 4－145

（七）夹颈过背

动作要领：当对手用前手直拳击我方头部时，我方迅速用右前臂格挡并抓住其左前臂，左臂由对方右肩穿过后，屈肘夹住对手的颈部；同时右脚向右后退步至与左脚平行，两腿屈膝，身体拧腰右转，以左侧髋部紧贴对手前身；继而两腿蹬伸，向下弓腰牵拉对手，低头将对手背起后摔到。（图 4－146～图 4－149）

图 4－146

图 4－147

图 4－148

图 4－149

动作要点:夹颈牢固,退步,转身,拧腰摔要快速协调有力。

第五节　散打防守快乐速成途径

一、趣味练习速成途径

（一）两人配合练习法

教师把学生分成两队，两队队员面对面站立成两排，分主动与被动进行练习，被动一方消极进攻，主动一方根据对方进攻的动作，做出迅速防守动作。（图 4 - 150；图 4 - 151）

图 4 - 150

图 4 - 151

（二）预想练习

练习者在自己头脑里面树立一个假想敌人，然后想象假想敌人做出的进攻方式，并做出各种防御姿势。（图 4 - 152；图 4 - 153）

图 4 - 152

图 4 - 153

（三）徒手练习

每个动作练习 30 次为一组，练习 5～8 组。（图 4－154；图 4－155）

图 4－154

图 4－155

二、实战运用练习

（一）拍挡的实战运用

1. 拍挡破前手直拳

当对手用前手或后手直拳攻击我方面部时，迅速用拍挡阻止其攻势，封堵其进攻。（图 4－156；图 4－17）

图 4－156

图 4－157

2. 拍挡防鞭腿

当对手用横向型腿法攻击我方胸部及以上位置时，迅速后撤并用拍挡防守其腿法的攻击。（图 4 – 158；图 4 – 159）

图 4 – 158

图 4 – 159

（二）拍压

1. 拍压防勾拳击腹

当对手用勾拳意图攻击我方腹部时，迅速向下拍压对方勾拳，破坏对方对我方的攻击。（图 4 – 160；图 4 – 161）

图 4 – 160

图 4 – 161

2. 拍压防直拳击腹

当对手突然下潜，并用直拳攻击我腹部时，迅速向下拍压其手腕处，化解其攻击，并迅速向后闪躲。（图 4 - 162；图 4 - 163）

图 4 - 162

图 4 - 163

3. 拍压防蹬腿击腹

当对手试图用蹬腿攻击我方腹部时，迅速向下拍压起来腿，同时配合使用后撤步。（图 4 - 164；图 4 - 165）

图 4 - 164

图 4 - 165

4. 拍压防侧踹击胸

当对手采用侧踹意图攻击我方胸部及以上位置时候，迅速闪躲，并向下拍压对手小腿位置，以化解其进攻。（图 4－166；图 4－167）

图 4－166

图 4－167

（三）内挂

1. 内挂防蹬腿击腹

当对手意图使用蹬腿攻击我方腹部时，迅速使用内挂手法，阻止对手对我方的攻击。（图 4－168；图 4－169）

图 4－168

图 4－169

2. 内挂防侧踹击腹

当对手意图使用侧踹腿法攻击我方腹部时，迅速使用内挂手法，阻止对手对我方的攻击。（图 4－170；图 4－171）

图 4－170

图 4－171

（四）外挂

1. 外挂防蹬腿击腹

当对手意图使用蹬腿攻击我方腹部时，迅速使用外挂手法，阻止对手对我方的攻击。（图 4－172；图 4－173）

图 4－172

图 4－173

2. 外挂防侧踹击胸

当对手意图用侧踹腿攻击我方胸部时，左手迅速由上向下、向左后斜下方挂防，同时上体微微右转。（图 4－174；图 4－175）

图 4－174

图 4－175

（五）里抄

1. 里抄防蹬腿击腹

当对手意图用蹬腿攻击我方腹部时，左手臂由上向下、向内，同时前臂微屈并外旋，拳心向上，右手拳心由上向下按压迅速接住对方蹬腿。（图 4－176；图 4－177）

图 4－176

图 4－177

2. 里抄防侧踹腿击胸

当对手意图用侧踹腿攻击我方胸部时，左手臂由上向下、向内，同时前臂微屈并外旋，拳心向上，右手拳心由上向下按压迅速接住对方蹬腿。（图 4－178；图 4－179）

图 4－178

图 4－179

（六）外抄

1. 外抄防鞭腿击胸

双方实战势站立，当对手意图使用鞭腿攻击我方上体时，我方迅速左手臂外旋的同时由上向下，向外运动，然后上臂紧贴于肋部，拳心向上，同时右上臂紧贴腹部，并迅速由上向下按压接住对方鞭腿，以化解其攻击。（图 4－180；图 4－181）

图 4－180

图 4－181

（七）下躲闪

1. 下躲闪防直拳

双方实战势站立，当对手用直拳攻击我方头部时，迅速屈膝，沉胯，上体前俯，弧形向下躲闪，避开其来拳。（图 4－182；图 4－183）

图 4－182

图 4－183

2. 下躲闪防鞭拳

双方实战势站立，当对手用鞭拳攻击我方头部时，迅速弧形向下躲闪，避开其鞭打。（图 4－184；图 4－185）

图 4－184

图 4－185

3. 下躲闪防鞭腿

双方实战势站立，当对手用鞭腿攻击我方头部时，迅速屈膝，沉胯，上体前俯，含胸，收下颌，弧形向下躲闪，肘紧贴于肋侧，双手护于胸前，躲避其进攻。（图 4－186；图 4－187）

图 4－186

图 4－187

第六节　散打进攻技术组合快乐速成途径

一、拳法组合快乐速成途径

（一）前手直拳—后手直拳

动作要点：身体不可前倾，出拳不可过直过死，肘应微屈；动作要快出快收，前后手交替要迅速，切勿停顿。（图 4－188；图 4－189）

图 4－188

图 4－189

（二）左手摆拳—右手摆拳

动作要点：以腰带臂，力从腰发；臂不可太直，肘与肩平；出拳后立即还原成准备姿势，左右手摆拳交替要迅速。（图 4－190；图 4－191）

图 4－190

图 4－191

（三）前手直拳—后手直拳—前手勾拳

动作要点：勾拳用力要由下至上，发力要短促有力；出拳后迅速还原成准备姿势。（图 4－192～图 4－194）

图 4－192

图 4－193

图 4 - 194

（四）前手直拳—右手鞭拳

动作要点：直拳以佯攻为主，鞭拳转体要快，以头领先，鞭拳时，以腰带臂，前臂鞭打甩拳。（图 4 - 195 ~ 图 4 - 198）

图 4 - 195

图 4 - 196

图 4－197

图 4－198

二、腿法组合快乐速成途径

（一）左腿正蹬—右腿正蹬

动作要点：两腿屈膝高抬，爆发用力，两腿要快出快收交替迅速。（图 4－199；图 4－200）

图 4－199

图 4－200

(二)左侧踹腿—右侧踹腿

动作要点:提膝,送髋,踹击要连贯,两腿踹击交替要迅速。(图 4－201;图 4－202)

图 4－201

图 4－202

(三)右腿低鞭腿—右腿侧踹腿

动作要点:鞭腿落地后,左腿迅速调整平衡,同时右腿迅速侧踹。(图 4－203;图 4－204)

图 4－203

图 4－204

（四）左侧踹—右鞭腿

动作要点：侧踹送髋要积极，左脚落地后迅速支撑身体向左转体，并迅速施展右鞭腿。（图 4－205；4－206）

图 4－205

图 4－206

三、拳、腿组合技术快乐速成途径

（一）前手直拳—右鞭腿

动作要点：前手直拳时身体不可前倾，出拳后身体迅速向左转体，并迅速施展右腿鞭腿。（图 4－207；4－208）

图 4－207

图 4－208

（二）前手直拳—后手摆拳—正蹬腿

动作要点：出拳要快，后手摆拳要快出快收，出拳时身体重心不可前倾。正蹬腿时力点要准确。（图 4－209～4－211）

图 4－209

图 4－210

图 4－211

（三）左低鞭腿—右手勾拳—右脚侧踹

动作要点：低鞭腿后，左脚迅速稍稍前落，身体重心随即前移并施展右手勾拳；

出拳后身体迅速向左转体，并迅速使出右脚侧踹。（图 4－212～4－214）

图 4－212

图 4－213

图 4－214

（四）前手直拳—后手直拳—正蹬腿

动作要点：前后手直拳时身体不宜前倾，出拳要快出快收，正蹬腿时要注意用手防守。（图 4－215；图 4－216）

图 4－215

图 4－216

四、拳、腿、摔组合技术快乐速成途径

（一）前手直拳—正蹬腿—抱腿前顶

动作要点：要使用直拳和蹬腿迫使对手后退，然后我方迅速下潜，使用抱腿前顶的摔法将对手摔倒。（图 4－217～4－219）

图 4－217

图 4－218

图 4－219

（二）左侧踹—后手直拳—抱腿旋压摔

动作要点：左侧踹和后手直拳要连贯迅速，后手直拳要攻击对方面部，使对手双手护于面部，只能用脚攻击我方，此时我方迅速抱住对方来腿，并使用抱腿旋压摔把对手打到。（图 4－220 ~ 图 4－223）

图 4－220

图 4－221

图 4－222

图 4－223

（三）正蹬腿—前手摆拳—穿腿靠摔

动作要点：拳法技术进攻以后要迅速靠近对手并下潜，同时以左臂迅速向对手两腿插入并向对手前方别其右膝关节窝处，左手向后按，随即上体后仰并屈膝前顶，摔倒对方。要求下潜要迅速，动作发力要果断。（图 4－224～图 4－226）

图 4－224

图 4－225

图 4 - 226

第五章

散打运动综合知识

散打运动是一项集耐力、智力、爆发力、柔韧、灵敏等于一体的运动项目，长期坚持散打运动可以有效地改善机体机能；提高心肺能力和智力；以及良好的社会适应能力，达到强身健体的目的。

第一节　散打运动的价值

一、促进运动系统、心血管系统、神经系统的健康

散打运动中，无论是在平时练习时，或者是在比赛中的进攻或防守时所用的拳法、腿法、步法，以及各种摔、拿技术等，都需要运动员拥有良好的运动能力，较强的心肺功能，以及灵敏的神经反应速度。而散打运动是一项运动强度比较大的对抗性项目，在散打比赛或训练中反复高强度的技术动作，能充分调动人体各个部分的肌肉、心血管、神经系统和组织参与运动。通过长期参加散打运动，可以有效地提高这些系统或组织的能力，从而促进这些运动组织的健康。

二、促进良好的社会适应能力

人是社会中的一员，从出身到死亡都与社会有着密不可分的联系，是否拥有良好的社会适应能力，不但是一个人立足社会的基础，更是一个人健康与否的一个重要标志。一个不具有良好社会适应能力的人，终将为社会所淘汰。散打运动以其独特的运动模式，对散打练习者的社会适应能力产生积极影响。首先，散打运动的性质决定了练习散打必须能够吃苦、坚持不懈，因此，长期坚持散打运动，可以培养

练习者拼搏进取、积极、乐观、开朗的人生观；其次，散打比赛中的成败，可以让人体会到社会激烈竞争的残酷性，可以培养练习者良好的竞争心态，使练习者在今后的学习或生活中，可以坚强的面对人生的挫折和失败；再次，散打技能的习成，都是在老师或队友的帮助下完成的，这就需要练习者要有很好的人际关系和良好的沟通能力，这些都能很好地培养或锻炼运动员的社交技能，使练习者将来能从容地面对社会的人际关系，而这些技能都是拥有良好的社会适应能力所必须和必备的，所以经常参加散打运动能促进良好的社会适应能力。

三、促进健康心理品质的形成

健康，除了要有强健的体魄，良好的社会适应能力以外，还必须要有良好的心理，才是真正意义上的健康。现代，人们的生活、工作、学习节奏不断加快，社会竞争压力不断加强……这些都必然对人们心理上增加很大的负担，从而导致人们出现焦虑、孤独、自卑、忧郁、等不良情绪的出现和不同程度的心理疾病的发生，严重的可能导致患者走向极端。因此，采取必要的措施进行心理干预就非常重要。研究发现，散打练习者在进行散打运动过程中，散打有助于发泄练习者自身心中的不满情绪，减少自卑、焦虑、忧郁等心理疾病的发生，并能有效地减轻练习者工作、生活、学习上的压力，对练习者的心理健康有重要作用。

四、促进保护技能的形成

散打运动是具有很强实效性的攻防技击运动，动作不但简单，而且实用。经常练习散打运动，可以养成攻防的生理条件反射，当我们在生活中遇到危险时，就可以进行有效地自我保护或保护他人，防止危险和意外的发生。

第二节　散打运动的几大赛事

一、中国武术散打王争霸赛

中国武术散打王争霸赛开创于2000年，是国家体育总局武术运动管理中心遵从、继承中华武术传统，结合体育向市场化、产业化发展的需要，并为促使其增强进

入奥运舞台的竞争力而推出的大型国内职业散打赛事。(图 5－1;图 5－2)

图 5－1

图 5－2

二、亚运会武术散打比赛

1998 年散打被正式列为第 13 届亚运会比赛项目。第 13 届亚运会比赛项目有包括武术、田径、游泳、足球、篮球等共 36 各项目。中国以金牌 129;银牌 77;铜牌 68 的好成绩,居于金牌榜首。(图 5－3;图 5－4)

图 5－3　13 届亚运会会徽

图 5－4

三、世界武术锦标赛

1993 年 11 月在马来西亚首都吉隆坡举行的第 2 届世界武术锦标赛上，散打第一次被列为世锦赛正式比赛项目。2003 年女子散打首次列入世界武术锦标赛的正式比赛项目（图 5－5；图 5－6）

图 5－5

图 5－6

四、国际武术散手擂台邀请赛

1988 年，由中国武术研究院、中国武术协会主办的国际武术节上，首次举办了国际武术散手擂台邀请赛，来自 15 个国家和地区近 60 名运动员进行了为期 3 天的激烈角逐。中国代表队获得了 7 个级别中的 5 个级别冠军。这一竞赛形式很快被国际上所接受，这标志着武术散打已经走向现代体育竞技的舞台。（图 5－7；图 5－8）

图 5－7

图 5－8

五、世界杯武术散打比赛

2002 年 7 月 25 日至 27 日，第 1 届世界杯武术散打比赛在上海举行，在海内外引起了重大的反响，对于弘扬中国传统武术文化，扩大中国功夫的全球影响力，产生了非常积极的影响。（图 5－9；图 5－10）

图 5－9

图 5－10

第三节　散打运动员段位与等级

一、武术散打比赛的段位

散打段位是中国武管中心制定的，共分为三等九段：

1. 初段位：一段、二段、三段
2. 中段位：四段、五段、六段
3. 高段位：七段、八段、九段

徽饰：

1. 初段位：一段（青鹰）；二段（银鹰）；三段（金鹰）
2. 中段位：四段（青虎）；五段（银虎）；六段（金虎）
3. 高段位：七段（青龙）；八段（银龙）；九段（金龙）

二、散打段位晋升标准

1. 初段位:由县一级武术段位考评委员会进行一段考评,市级武术段位考评委员会进行二、三段考评。

一段(青鹰):凡取得入段资格达到一年以上且在考评中散打基础成绩达到7.5及以上,遵守武德,可以申请一段。

二段(银鹰):凡取得一段达到一年以上且在散打攻防技术组合技术考试中成绩达到8分及以上,遵守武德,可以申请二段。

三段(金鹰):凡取得二段达到一年以上且在散打实战技术考试中成绩达到8.5分及以上,遵守武德,可以申请三段。

2. 中段位:由省、自治区、直辖市武术段位考评委员会进行散打运动员四、五、六段考评。

四段(青虎):凡获得三段两年,在规定的散手四段晋段比赛考评中,成绩达到规定录取名次,并在该段的武术理论考试中,成绩达到75分以上,重视武德修养者。

五段(银虎):在规定的散手五段晋级比赛考评中,成绩达到规定录取名次,并在该段的武术理论考评中,成绩达到80分以上,重视武德修养者。

六段(金虎):在规定的散手六段晋级比赛考评中,成绩达到规定录取名次,并在该段的武术理论考评中,成绩达到85分以上,重视武德修养者。

3. 高段位:由全国武术段位考评委员会进行考评。

七段(青龙):凡获得六段达6年以上,在工作业绩、武术理论研究、科研论著中取得一定成绩,武德高尚者,可申请晋升七段。

八段(银龙):凡获得七段达5年以上,在工作业绩、武术理论研究、科研论著中取得一定成绩,并对武术运动的发展做出较大贡献,武德高尚者,可申请晋升八段。

九段(金龙):凡获得八段以后,在工作业绩、武术科研论著、理论研究方面取得重大成就,并对武术运动的发展做出卓越贡献,影响极大,武德高尚者,可申请晋升九段。

对武术事业的发展做出卓越贡献的知名人士,经国家体育总局武术运动管理中心审核后,可授予荣誉高段位。

三、散打等级标准

散打等级制度是专门针对专业运动队的散打运动员制定的,共分为5级:国际武英级、武英级、一级武士、二级武士、三级武士。

1. 国际武英级:世界武术锦标赛或世界杯武术比赛各级别前3名。

2. 武英级:全国武术锦标赛、冠军赛各级别前3名。

3. 一级武士:全国散打比赛各级别前16名或全国青少年武术锦标赛各级别前8名。

4. 二级武士:在省一级及以上比赛中,各级别前六名或地、市及以上比赛中各级别前3名。

5. 三级武士:县及以上散打比赛中各级别前6名。

第四节　散打名人介绍

一、柳海龙

柳海龙,绰号:"柳腿劈挂",山东烟台人,1981年5月31日生,身高176厘米,体重80公斤,臂展180厘米,技术全面,喜欢骑摩托车。座右铭:"做任何事情都不要给自己留下遗憾"。

1995年开始习武,后被选拔到山东省散打队接受散打训练。1999年中美对抗赛亚军;2001年中泰之战战胜泰国选手;2000年散打王75公斤级冠军;2001年九运会75公斤级冠军;2002年超级散打王争霸赛冠军;2002年中泰之战重创泰国选手。(图5-11;图5-12)

图5-11

图5-12

二、宝力高

宝力高,绰号:“草原娇子”,75 公斤级别,蒙古族人,1980 年 10 月 24 日出生,身高 178 厘米;臂展 180 厘米,喜欢看电视;座右铭:“辛勤的汗水才会浇灌出胜利的果实”。

1999 年全国武术散打锦标赛团体第 5 名,2000 年全国武术散打锦标赛个人第 3 名,2001 年九运会暨全国武术散打锦标赛预赛第 2 名,决赛第 4 名;2002 年 12 月 31 日获得第 3 届“散打王”;2003 年 7 月第四届中美争霸赛 75 公斤金腰带。2003 年 10 月 3 日分别击败潘贤华、郭允超获得 75 擂主挑战资格。2003 年 12 月 7 日获得世界自由搏击 IKF 金腰带。(图 5 – 13;图 5 – 14)

图 5 – 13

图 5 – 14

三、苑玉宝

苑玉宝,绰号“白眉大侠”,75 公斤级别;安徽人;1977 年 04 月 22 日出生;身高 177 厘米;爱好看书、看电视。

1992 年入蒙城县武校练习武术;1994 年入安徽体工队武术散打队接受训练;1996 年亚洲散打锦标赛个人 70 公斤级冠军。1996 年全国散打锦标赛团体赛 70 公斤级冠军;1999 年全国散打锦标赛团体赛 75 公斤级冠军;2001 年第 6 届世界武术锦标赛 75 公斤级冠军。(图 5 – 15;图 5 – 16)

图 5－15

图 5－16

四、格日乐图

格日乐图，绰号“草原雄鹰”，65 公斤级别；内蒙古呼和浩特人；1977 年 01 月 23 日出生；身高 171 厘米；臂展 172 厘米；座右铭：“爱拼才会赢”。

1998 年全国武术散打锦标赛团体 62 公斤级第 5 名，个人赛 62 公斤级第 3 名；1999 年全国武术散打锦标赛团体和个人赛 60 公斤第 1 名；2000 年全国锦标赛 60 公斤级第 4 名；2001 年第 6 届世界武术锦标赛 65 公斤级冠军。2002 年第 1 届世界杯武术散打比赛 65 公斤级冠军；2002 年世界泰拳金腰带争霸赛 65 公斤级金腰带得主；2003 年 65 公斤级冠军。（图 5－17；图 5－18）

图 5－17

图 5－18

五、那顺格日勒

那顺格日勒，绰号“蒙古王”；内蒙古呼和浩特人；1976 年 8 月 15 日出生；80 公斤级别；身高：178 厘米；擅长拳法、摔法；喜欢看书、听音乐；座右铭：“荣誉是用鲜血来捍卫的”。

自幼在大草原上摔蒙古跤，19 岁的时候他就已经是家乡有名的摔跤英雄，蒙古族“那达慕”大会上的宠儿。后来一个偶然的机会进入了内蒙古散打队，从此爱上了散打运动。1997 第 8 届全运会散打比赛 75kg 级第 2 名，1998 和 1999 年全国散打锦标赛及个人赛 80 公斤级第 1 名，1999 年中美对抗赛 81 公斤中获胜；2000 年的散打王半决赛中，他明显赢了，但裁判却判对手谢尚夫胜出。那顺提出申诉后，裁判经过反复观看比赛录像，最后改判那顺获胜。（图 5－19；图 5－20）

图 5－19

图 5－20

六、任彦兵

任彦兵，绰号“冷面金刚”；河南濮阳人；1978 年 1 月 17 日出生；90 公斤级别；身高 193 厘米；臂展 2 米；擅长拳法。座右铭：“是金子总会放出光芒”。喜欢听音乐、看书。

1994 年进入郑州航校接受拳击训练，1996 年转为接受散打训练；1996 年全国锦标赛 85 公斤级别以上个人第 3 名，1997 年全国锦标赛 90 公斤以上个人第 2 名，1998 年全国锦标赛团体第 1 名，1999 年全国锦标赛 90 公斤以上个人第 1 名，2000 年全国锦标赛 90 以上第 2 名，冠军赛第 5 名；2000 年 12 月 16 日比赛中战胜武汉体院滕军获得级别冠军。2001 年九运会暨全国散打锦标赛 90 以上公斤级预赛第 2 名，决赛第 3 名。（图 5－21；图 4－22）

图 5－21

图 5－22

七、李杰

李杰，绰号“射月金弓”；70 公斤级别；山东省人，1976 年 11 月 06 日出生；身高 180 厘米；臂展 183 厘米；爱好：看书、听音乐；座右铭：“成功始于意念”。

1995 年和 1998 年全国武术散打锦标赛 70 公斤级第 3 名；1997 年八运会散打预赛 70 公斤级第个人第 2 名，决赛第 4 名；1998 年全国搏击赛 70 公斤级冠军；2000 年全国散打锦标赛团体赛第 5 名，冠军赛第 2 名；2001 年九运会散打预赛 70 公斤级第 1 名，决赛第 2 名；2001 年第 6 届世界武术锦标赛 70 公斤级亚军。2001 年 11 月 20 日散打王争霸赛中战胜河北王志辉晋级四强。2002 年 3 月 26 日第 1 周比赛中战胜广西国凯张加泼，列 70 公斤级第 1 名。（图 5－23；图 5－24）

图 5－23

图 5－24

八、石旭飞

石旭飞，绰号“神秘杀手”；48 公斤级别；浙江省人，1975 年 11 月出生；身高 161 厘米；臂展 163 厘米；爱好：看书、听音乐；座右铭：“机会总是属于那些有准备的人”。

1995 河南嵩山少林寺塔沟武术学校毕业；2000 年上海体育学院毕业；2000 浙江省体育训练一大队训练 1996 年全国南北拳王争霸赛 48 公斤级第 3 名；1996 年全国跆拳道冠军赛 50 公斤级第 3 名；1997 年全国跆拳道锦标赛 50 公斤级第 3 名；1997 年全国跆拳道冠军赛 50 公斤级第 2 名；1998 年首届全国院校跆拳道比赛 50 公斤级第 2 名；1999 年全国院校武术散手比赛 48 公斤级第 1 名；2000 年全国武术散手锦标赛 48 公斤级第 1 名；2000 年全国武术散打冠军赛 48 公斤级第 1 名；2001 年 10 月第 6 届世界武术锦标赛 48 公斤级第 1 名；2002 年 6 月全国“泰山杯”武术散打锦标赛 48 公斤级第 1 名。（图 5－25；图 5－26）

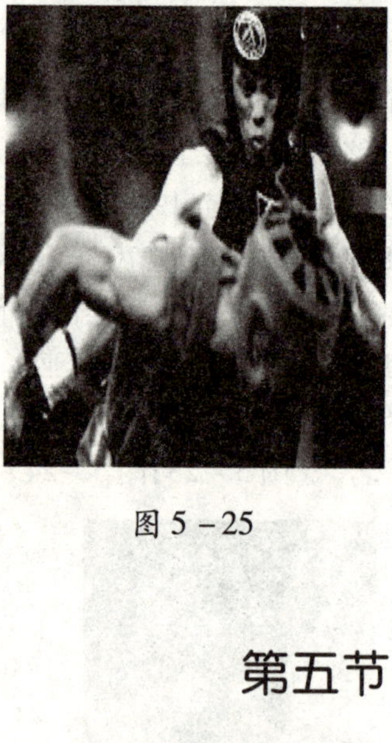

图 5－25

图 5－26

第五节　散打运动欣赏

一、散打欣赏的意义

（一）有效缓解生活压力

由于现代社会生活节奏的加快和竞争的日趋激烈，人们不得不面临生活、工作、学习等方方面面的压力，由于长期受到压力而没有有效途径进行宣泄，必然对人们心理造成很大压力，从而导致人们出现焦虑、孤独、自卑、忧郁等不良情绪的出现和不同程度的心理疾病的发生，严重的可能导致患者走向极端。散打比赛中运动员高超的技艺、激烈的打斗，能有效转移观看者的注意力，使观看者的注意力随比赛而波动，观看者可以通过呐喊、鼓掌、高声助威等形式尽情宣泄心中的情绪，从而忘却压力和烦恼，有效缓解生活的压力。

（二）培养民族自豪感

散打是中华民族从长期生产劳动中提炼出来的结晶，在中国几千年的传统文化下历经熏陶，蕴涵了深厚的民族文化底蕴，带有很强的民族特色。散打运动中为保护运动员而规定禁击部位，充分体现了中华民族“仁爱”的思想，散打运动所具有的民族性、、竞争性、礼仪性和技艺性等特点，散打成为传播价值观的理想载体，能激发起人们的爱国热情，振奋民族精神。特别是大型的国际散打比赛，把原本只属于个人或小集体的价值作用，扩大和延伸到国家之间、民族之间，使竞赛超越了散打运动本身以及个人和小集体之间的价值，产生了不可低估的教育作用；而且在重大比赛中，中国散打运动员击败外国选手的场面，强烈震撼和激发了多少国人心中的民族自豪感和祖国荣誉感，使人们感到强烈的民族自豪感。

（三）陶冶道德情操

散打运动员不畏顽强、奋力拼搏的精神，以及散打运动中运动员高尚的体育道德，都能给观众留下深深的印象，使观众在思想上产生共鸣，使自己努力学习散打运动员的体育精神，陶冶自己的道德情操。

二、如何欣赏散打运动

俗话说：“外行看热闹，内行看门道”。散打运动对有些人来说就是一种暴力运动，但对有些人来说，却能给他们以美的享受，那么我们要怎么样欣赏散打运动，才能真正体会到散打运动的内涵之美，才能真正欣赏散打运动之美。

（一）欣赏散打运动精神之美

我们在观看散打比赛时，要多多欣赏散打运动员蕴涵在散打比赛中的那种崇高的“体育精神”，它包括竞争精神、不畏顽强奋力拼搏的精神、胜不骄败不馁的精神等等。在散打比赛中，有时候运动员在技术、战术都不如对手的情况下，或者在身体和心理都受到打击的情况下，仍然奋力拼搏、坚持比赛；以及散打运动员在擂台上尊重对手、尊重裁判和规则的行为，又或者散打运动员在比赛胜利时不骄傲的欢呼；在比赛失败后不气馁的大气，都无时无刻不体现了散打以及散打运动员的精神之美。所以我们在观看散打比赛时，不但要欣赏散打比赛本身的激烈与胜负，更

要欣赏散打的精神。(图5－27;图5－28)

图5－27

图5－28

(二)欣赏散打运动员形体之美

欣赏散打比赛的同时,散打运动员那强壮的身体,刚毅的肌肉线条,都能给我们以美的享受。他们在经过了成千上万次的刻苦锻炼后,各个练就了一身铮铮铁骨。我们在欣赏散打比赛时,可以从散打运动员身体上看到他们不怕艰苦,勇猛顽强、敢于拼搏的刚毅之美。(图5－29;图5－30)

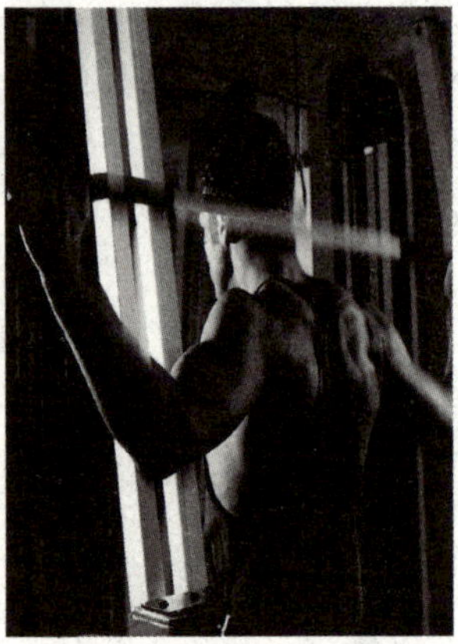

图5－29

图5－30

(三)欣赏斗智斗勇展示拼搏永不言败的精神

"狭路相逢,勇者胜;勇者相逢,智者胜"。散打运动员不但是勇者,他们也是智者,他们不但有一身过硬的散打技能,更有灵活的头脑和多变的战术。他们在赛场上不仅要靠技术赢得对手和观众的敬佩,而且也要靠灵活的战术去赢得比赛。在散打比赛中,明知技术不敌对手,仍然顽强拼搏,永不言败,最后靠智力、巧力赢得比赛的例子不胜枚举。比赛中的这些精彩镜头不但给我们很深的影响,也教会了我们遇事不但要有勇,更要有谋。所以我们在欣赏比赛的同时,更要欣赏散打运动员斗智斗勇、展示拼搏、永不言败的精神。(图 5 - 31;图 5 - 32)

图 5 - 31

图 5 - 32

(四)欣赏技战精妙融合之美

在散打比赛中,除了个别精彩的技术动作值得我们欣赏以外,也要注意欣赏散打运动员在比赛中技术与战术的融合之美。例如:散打比赛中,运动员借助自己熟练的技术,运用多点战术,立体交叉、全方位地打击对手,往往打的对手丝毫没有还手之力;又或者散打运动员利用边脚战术,结合漂亮的腿法或拳法迫使对手下台等等。这些技术和战术的精妙配合都能给我们以美的享受,让我们能欣赏到这种融合之美。(图 5 - 33;图 5 - 34)

总之,我们不能只看散打本身以及输赢,更应该从多角度、多视野欣赏散打运动。只有这样,我们才能从真正意义上去了解体会散打。

图 5 - 33

图 5 - 34

第六章

散打运动生理与健康

在散打运动过程中，由于练习者自身身体素质差；对手过于强大；以及急于求胜、求成的心理，不可避免地会发生运动损伤。如不及时处理就有可能使伤情恶化，影响散打的正常训练和比赛。所以掌握常见的运动损伤发生的原因、处理和预防办法是十分必要和重要的。

第一节　常见运动损伤发生的部位和分类以及原因

一、易发生运动损伤的部位

由于散打运动的特殊性、高对抗性等原因，所以不管在平时的训练，还是正式比赛中，散打运动员都会发生损伤。

从生理学的角度看，散打运动损伤发生的部位主要有：鼻、眼角、手指关节、腕关节、肘部、肩部、颈部、胸腹部、膝关节、大腿、小腿、脚踝等部位。

从解剖学上看，散打运动的常见损伤部位主要有：各关节的肌肉、韧带、关节囊、肌腱、腱鞘、关节窝，以及骨骼、内脏和大脑等处。

二、运动损伤的分类

运动损伤的分类大致可按：损伤的组织结构、损伤的属性和损伤的程度来分类。

（一）按损伤的组织结构分类

按损伤的组织结构可以分为：皮肤损伤、肌肉损伤、关节损伤或关节囊韧带损伤、神经系统损伤、内脏器官损伤、软组织损伤等。

（二）按损伤的属性分类

按损伤的属性分类分为开放性损伤和闭合性损伤。开放性损伤和闭合性损伤一般是按照皮肤是否完整是否与外界相通来区分的。

开放性损伤后皮肤完整性受到破坏，有伤口，且损伤部位与外界相通，常伴随出血等情况的发生。如擦伤、撕裂伤、刺伤等情况。

闭合性损伤伤后皮肤或黏膜保持完整，伤处未与外界相通，一般均有内出血现象。如挫伤、肌肉拉伤、关节扭伤、内脏器官破裂、闭合性骨折或关节脱位等。

（三）按损伤的程度来分类

按损伤的程度一般可以分为慢性损伤和急性损伤两种情况。

慢性损伤多因长期损伤逐渐累积而成；或因局部长期超限的过度负荷，使组织逐渐劳损所致；它发病缓慢，病变过程长，并常具有反复发作的特点。

急性损伤多因突然暴力所致引起的，急性损伤发病快，往往立刻就表现出来，常伴有肿胀、内出血、瘀青等现象。

三、常见运动损伤发生的原因

（一）思想上麻痹大意不够重视

由于运动员或教练员对预防或损伤本身没有引起足够的重视，认为损伤是小事或常事，不足为奇，而不给予关注，导致思想上麻痹大意，从而在训练和比赛中没有积极采取预防措施，导致损伤的发生。

（二）准备活动不充分

充分的准备活动，可以提高大脑皮层的兴奋性；降低肌肉的黏滞性，增强肌肉的收缩力量和弹性，使各运动系统和器官迅速调动起来，从而有效避免伤害的发生。有些运动员在进行散打练习时，由于准备活动不充分或不做准备活动，在肌肉伸展性和神经系统兴奋性低下的情况下，猛打猛踢，想以此代替准备活动或舒展身体还没有拉开的肌肉和韧带，结果导致运动损伤的发生。还有些远动员由于运动量过大或准备活动内容安排不合理，导致疲劳以及由于准备活动不合理而致使有些身体部位没有得到充分拉伸，也是运动损伤发生的的原因之一。

（三）场地器材的不足

由于场地的不平整，垫子与垫子的边缘密合不严，有凹凸或因为经费等因素导致的场地器材年久失修、表面破损等，从而引起运动员的脚踝等关节损伤；以及因为没有按要求佩带防具和器材的其他原因而引起的身体损伤等。

（四）身体不适或对手过于强大

由于疲劳、生病等原因，运动员的力量、速度、灵敏、协调等能力不足以支撑运动员顺利完成技术动作，从而导致动作变形；身体配合不协调；情绪低落；精神相对不安；心慌气乱，以及和对手在技术、战术、力量、耐力等方面都有较大差距时，往往容易引起损伤的发生。

（五）技术动作错误

运动员在练习散打时，由于没有掌握正确的技术动作，导致动作用力的顺序；用力的方向；击打部位的错误，技术动作违反了人体结构的特点和各器官功能的运动规律以及运动力学原理，也是引起常见运动损伤的重要原因。尤其是少年散打运动员神经活动的兴奋和抑制过程不均衡，分化抑制的能力差，学习动作时常掌握不好要领，容易发生各种错误动作而导致损伤的发生。

第二节　常见运动损伤的预防和处理

一、运动损伤的预防

（一）加强思想教育的培养

加强运动员或教练员对运动损伤预防意识的培养，使其在平时的训练或正规的比赛中养成对运动损伤重视的习惯。传授运动损伤的预防和急救措施，以防止或减少、减轻运动损伤的发生及带来的后果。

（二）认真做好准备活动

充分的准备活动能降低肌肉的粘滞性，提高大脑皮层和中枢神经的兴奋性，有效防止在训练或比赛中，因肌肉关节僵硬等引起的运动损伤，准备活动的内容、运动量，应根据教学、训练和比赛内容、个人的身体功能状况以及气象条件等具体情况而定,一般认为,天气寒冷或运动员中枢神经兴奋性较低时,准备活动应该大些、时间应长些,相反在夏季或兴奋性比较高的时候,准备活动强度可小些、时间宜短些。一般认为,准备活动一般以 10 ~ 15 分钟为好,且准备活动与正式比赛或训练之间的时间间隔不要太长,以 5 ~ 10 分钟为佳,准备活动后要以身体感到发热、微微出汗为宜。

(三)加强对运动员的医务监督

平时要加强对散打运动员的医务监督,以观察了解运动员在训练或比赛前后的身体反应以及功能变化,进行定期的或不定期的体格检查。根据具体情况,采取针对性医务监督措施,而且运动员在运动过程中要学会自我监督,随时注意身体功能状况变化,若有不良反应时要及时向教练员或医务工作者反应情况,分析原因并采取必要的保护措施。如果发现自己已有伤病,应先调养好或遵照医嘱,禁止携病带伤参加剧烈的散打训练或比赛。

(四)对场地和器材要加以重视

运动场地设备是保障顺利进行教学、训练和比赛的必要条件,工作人员要经常检查场地器材是否符合教学或比赛的要求,对损伤和残存器械要及时修理或拆除。建立专门的定期检查制度,禁止穿皮鞋进入场地或穿不合适的服饰与防具参加训练或比赛。

(五)加强自我保护

由于散打比赛具有很强的对抗性,所以发生运动损伤是不可避免的,因此掌握必要的自我保护的方法是十分必要的。如:摔倒时应立即低头、屈肘团身、以肩背着地顺势滚翻,切忌直臂撑地,以防手腕部或前臂骨折、脱位等损伤;从台上跌下时要用前脚掌着地,同时屈膝以增加缓冲作用等。此外运动员还必须学会各种保护带的使用。

(六)合理安排运动量

运动量的安排必须做到:全面性、个别性、反复性、意识性、渐进性。盲目追求大运动量的训练,必然导致运动损伤的发生。全面性指训练的内容要合理全面,照顾到身体各个部位;个别性是指训练要因人而异,要根据运动员的年龄、性别、技术、体能等合理安排;反复性指运动员必须经过合理的反复训练,形成正确的动力定型和条件反射;意思性指运动员或教练员必须注意容易发生损伤的动作技术,做到心中有数;渐进性是指训练的负荷和强度必须循序渐进。

二、运动损伤的处理

(一)擦伤

擦伤是皮肤表面受到挤压或摩擦而导致的开放性损伤。常见于散打运动员的眼部、口部、手部、脚面等部位。它是散打运动中最轻而且常见的损伤。

处理方法:对于创口小的擦伤可先用纯净水清洗伤口,然后用进行消毒处理,再涂上红药水或紫药水。也可涂上青霉素软膏,但必须注意红药水与碘酒不得一起使用,否则容易引起中毒现象。对于大面积的擦伤,应及时就医。

(二)挫伤

挫伤是由于钝性暴力作用于人体后,引起的闭合性损伤。常见于散打运动员的大腿、小腿部位的肌肉组织以及头部、胸和睾丸等地方。

征象:挫伤症状一般都有疼痛,疼痛时间一般持续大约 24 小时,肿胀及出血、瘀青等情况,疼痛程度因人而异,且与淋巴、与血液渗出的多少;与局部神经损害的情况及部位有密切关系。

处理方法:伴随有严重休克的挫伤,首先是用适当的方法抗休克治疗,然后应适当的安置受伤部位使之休息。臂及手的挫伤可以利用悬带让患肢休息,大腿或小腿的挫伤则需静卧床上。对单纯性挫伤,一般先进行局部冷敷,然后再上新伤药,对患处进行加压包扎处理。48 小时内不得对伤处进行热敷或按摩处理。48 小时后可对伤处进行热敷或按摩,以促进患处的快速恢复。对于复杂的挫伤,如头部、腰腹等严重的挫伤应冷敷、止血、止痛处理后,及时送医就诊。

(三)撕裂伤

撕裂伤是因钝物打击引起皮肤和软组织的撕裂,常见于散打运动员的眼角、眉弓、唇部等部位。

处理方法:这些伤口部分皮肤破损,处理时一般应从止血、消毒和预防感染三方面进行。如果出血明显时,应及时压迫伤口近端周围血管.以减少出血,然后在伤口周围先用碘酒涂擦,稍干后再用 75% 酒精把碘酒痕迹擦净,达到杀菌、消毒、防腐作用。最后可用云南白药或消炎粉撒在伤口上，盖上纱布，压迫伤口，直至渗血停止；伤口创伤比较大，比较深时，由医生处理，一般应注射破伤风抗毒素，以预防破伤风。如果运动员脸部发生撕裂，而又不得不进行比赛时，可先用生理盐水冲洗患处，再用肾上腺素液棉球压迫止血，待比赛结束后再自己处理伤口。

（四）拉伤

拉伤是由于肌肉被牵引的程度超过了肌肉本身所能被牵引的极限程度或肌肉主动收缩的力量超过了肌肉本身所能承担的力量，往往造成肌丝断裂，肌肉出现拉伤的情况，发生拉伤的常见部位有肌腹以及肌腱交界处，肌腱的附着处等地方。肌肉或肌腱拉伤后，常出现筋膜、腱鞘、滑囊等辅助结构不同程度的损伤。

征象：肌肉或肌腱拉伤后会出现局部疼痛、肿胀、功能障碍等情况，伤员在拉伤时，偶能听到断裂声，用手触摸时会有凹陷或一端异常肿大的现象。肌肉拉伤的病理变化主要是炎性反应和水肿，有时伴有出血的情况。

处理办法：肌肉或肌腱拉伤初期，主要采用冰缚和弹力绷带加压包扎，以控制水肿和出血。为了缓解疼痛可采取局部制动的办法以及口服消炎药等，减轻疼痛。48 小时后可用热敷以及按摩的办法加速患处的康复。

（五）扭伤

扭伤是由于在外力作用下，关节出现超范围的活动，引起关节囊或韧带损伤，称为扭伤。轻度扭伤主要为韧带或关节囊出现少量纤维断裂，重度扭伤则是纤维完全断裂，并伴随脱位等现象的发生。常见于运动员脚踝、手指、脚趾等部位，由于运动员用手法、脚法以及从台上跌落时都有可能出现扭伤。

处理方法：轻度扭伤一般采用冷敷，加压包扎，外敷中草药等办法；重度扭伤，如韧带完全断裂时，应该及时就医。

（六）休克

休克是由于各种强烈致病因素作用于机体，使循环功能急剧减退，组织器官微循环灌流严重不足，以至重要生命器官机能、代谢严重障碍的全身危重病理过程。散打中由于运动员骨折、严重挫伤、脱位、中暑、大出血、严重内伤等都可能引起休克的出现。

征象：主要表现为面色苍白、四肢发凉、心跳加快、脉搏细弱、血压下降，很快进入昏迷。休克初期,脉搏加快,随着病情的进展,脉搏细弱出现心律不齐,休克晚期脉搏微细缓慢,甚至摸不到。休克初期伤者神志一般清楚,精神紧张或有烦躁、焦虑,随着休克加重,伤者脑组织供血逐渐减少,缺氧加重,表现为表情淡漠、意识模糊、感觉迟钝,甚至昏迷。

处理方法:运动员出现休克时应该松解衣服,侧偏头部,将舌头牵拉出来,保持呼吸道的通畅,休克时要尽量使运动员周围的空气流通,不可围观,可以使用简易工具加大运动员周围空气的流动,并用手掐运动员人中、内关、足三里等穴位。必要时候可以给氧或人工呼吸。休克病人应尽量减少不必要的活动,要卧床休息,并给予保暖,避免受寒,以免加重休克,室温保持在18℃ ~20℃,温度太高会增加组织的代谢率,从而增加氧气的消耗量。休克病人应用心血管活性药,应从低浓度慢速开始,并按药量浓度严格掌握输液滴数,使血压维持在稳定状况。

(七)击晕

击晕在散打运动中比较常见,是类似于休克的现象。由于在散打运动中运动员的腹部、头部、下颌等处神经丛受到外力重击时,平衡功能受到破坏,都有可能被击晕。

征象:运动员被击晕后会出现意思模糊、失去方向感、步态不稳、呼吸表浅或倒地等情况。

处理方法:让运动员平卧休息,并保持通风,意识模糊或丧失的可用氨水或掐运动员人中,迫使运动员苏醒。

(八)脱位

脱位是指关节对合出现了正常的连接关系,关节面完全失去对合关系时称为完全脱位,部分对合的称为半脱位。关节脱位往往是由于暴力作用于关节处或用力违反了运动力学原理所致。常见于运动员的肩、肘等关节。

征象:特有畸形:关节脱位离正常位置后,与异侧相比较出现变形、假关节等现象。功能丧失:由于关节结构异常,疼痛等原因,使关节失去了原有的功能。疼痛:关节脱位后有明显的广泛疼痛,压痛等,习惯性脱位的症状较轻或不明显。弹性固定:关节囊、肌肉及韧带的作用可使受伤肢体保持在主动运动和被动运动均受限的特定体位这种体位称为:弹性固定。关节脱位后,做被动运动时有一定活动度,但存在弹性阻力,当外力去处时,关节又回到脱位后的特殊位置上。

处理办法:关节脱位以后,不可以随意对伤员进行关节复位,以免加重伤员的痛苦和周围组织的损伤。脱位后如出现休克,应先抗休克,然后就地采用夹板、绷带等将伤员肢体固定于脱位时候所形成的姿势,然后及时送医就诊。

(九)骨折

骨的完整性和连续性遭到破坏的损伤,称为骨折。根据骨折周围软组织的病理,可分为闭合性骨折和开放性骨折。散打运动中发生的骨折多为闭合性骨折。

征象:碎裂声骨折时伤员偶能听到骨头的碎裂声音;完全骨折时移动骨折端会出现骨擦音。疼痛:疼痛是由于骨膜撕裂、肿胀以及骨头的断端对软组织的刺激和局部肌肉痉挛所引起的。骨折当时疼痛不是特别明显,但随后疼痛会加剧,搬动伤员或活动患处时更痛。肿胀及皮下瘀血:骨折周围软组织损伤、血管破裂所引起皮下出血或肿胀,肌肉组织厚大部位的骨折,肿胀及皮下瘀斑不明显。功能丧失:骨完全折断后失去杠杆和支持作用,肢体不能运动、站立、行走。畸形:与异侧相比较出现变形、缩短、假关节等现象。压痛:骨折端有明显压痛。有时在远离骨折处轻轻震动,骨折处会出现疼痛。

处理方法:骨折后由于持续疼痛,运动员可能发生休克,所以救助时要先治疗休克,再处理骨折。休克时要尽量使运动员周围的空气通畅,不可围观,可以使用简易工具加大运动员周围空气的流动。骨折后要及时固定,避免断端移动,防止损伤的加重。若伤口出血时,应该先清洗伤口,再包扎固定。出现骨折后应该在6~12小时内及时送医就诊。防止因抢救不及时带来的不良后果。

第七章

散打运动竞赛组织与裁判工作

散打比赛是为了广泛交流技术，不断总结经验，进一步改进教学和训练工作，从而提高散打的技术和理论水平，推动散打向着系统化、科学化、规范化的方向发展。

第一节　散打运动竞赛的组织

一、竞赛前的准备工作

（一）成立竞赛委员会

竞赛委员会是散打比赛顺利进行的关键，其规模的大小可以根据比赛规模而定。一般对于地方性竞赛或人手不够时，可以适当精简委员会的规模。通常竞赛委员会包括以下一些机构：（图 7－1）

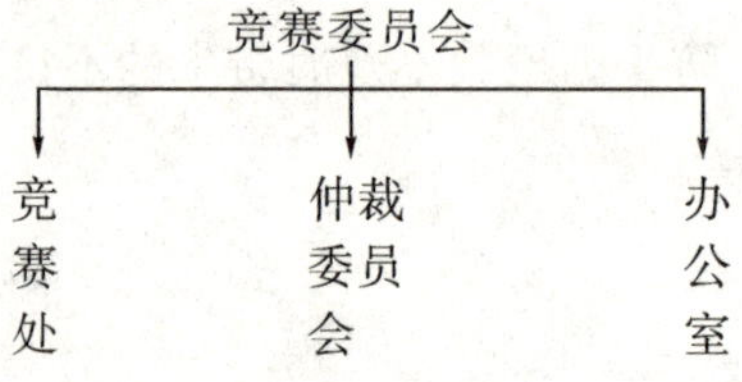

图 7－1

竞赛处：竞赛处分为竞赛组、编排记录组、裁判组、场地组。主要负责裁判员的学习以及落实；编印大会秩序册、竞赛日程表；场地器材的布置；比赛相关事宜的通知等工作。

仲裁委员会：主要负责对有争议的比赛进行最后裁定。

办公室：办公室分为政策宣传组、后勤组、医务组、保卫组。主要负责整个比赛工作的思想、安全教育；公布比赛的目的和任务；制定比赛期间各项活动日程；作好运动员的急救；对比赛奖品的发放；以及领队、教练员、裁判员对竞赛文件的学习等相应工作。

（二）制定散打竞赛规程

散打竞赛规程的制定应该根据竞赛的目的和任务来确定，其内容应该要细致，文字要简练易懂，规程要便于操作。竞赛规程一般包括：

1. 竞赛名称。如某擂台赛、邀请赛等。

2. 目的任务。如通级比赛；运动员选拔赛等。

3. 竞赛日期与地点。主要是对在何时何地比赛作出规定，以及遇到特殊情况师是否继续或延迟比赛等。

4. 参加办法。对比赛的级别，比赛的人数给予规定。

5. 比赛办法。采用循环还是单、双淘汰制。

6. 名次的录取。录取前几名作出说明。

7. 报名的时间及办法。应对比赛起止时间做出明确的规定。

二、竞赛期间的工作

竞赛期间主要对裁判员工作；场地器材、比赛成绩的记录、通知；医务工作；比赛环境的安全保卫；以及比赛期间出现的特殊情况给予及时的发现与解决，从而保障比赛的顺利进行。

三、赛后工作

赛后工作包括大会的闭幕；奖品的发放；场地器材的交接；与会人员的撤离；以及对大会相关的意见听取等工作。

第二节 散打竞赛的编排

编排工作是一项十分重要的工作，编排方案影响到运动队、场馆、安保等。也就是说，如果编排方案一经确定，与会人员都得以编排方案为依据而开展工作，编排的是否合理，对整个比赛起到了至关重要的作用，所以编排工作必须准确、细致、全面。

一、编排前的准备工作

在编排前必须详细了解和掌握竞赛规程的基本情况,包括:

1. 竞赛的性质。
2. 大会的期限。如比赛的天数,开幕和闭幕的时间等。
3. 参加办法。包括级别与比赛人数。
4. 竞赛办法。循环还是单、双淘汰制。
5. 录取名次及奖励办法。
6. 对报名表的审查。
7. 统计人数和各级别人数。

二、编排原则

1. 一个单元的比赛以 15 ~ 22 场为宜。
2. 尽量把同单位同一级别的运动员分开。
3. 一名运动员一天最多安排两场比赛(不在同一个单元)。
4. 同一级别、同一轮次的比赛应安排在同一单元,且由体重轻的先比。

三、编排方法

(一)单循环比赛

单循环比赛,是指所有参加同一级别比赛的运动员之间均要轮流一次,最后根据胜负场次的积分多少来决定名次。

轮次和场次的计算:比赛人数为偶数时,轮次 = 人数 - 1;比赛人数为奇数时,轮次 = 人数。

单循环比赛顺序的编排:将比赛的人数用数字等量地分为左右两列,如果是奇数可用"0"占位使两边相等。左列由上往下排,右列由下往上排。从第二轮编排开始,1 号位置固定不变,其他位置按逆时针方向轮转一个位置。轮次表编排之后,按参加比赛的人数,制作与人数相等的签数,抽签之后,将各队抽到的签在轮次表中找到相应的位置,填上运动员名字,即可排出比赛日程表。(图 7 - 2,图 7 - 3)

如:以 3 人为例编排方法

第一轮	第二轮	第三轮
1——0	3——1	1——2
2——3	0——2	3——9

图 7 - 2

如:以 4 人为例编排方法

第一轮	第二轮	第三轮
1——4	3——1	1——2
2——3	4——2	3——4

图 7－3

(二)单淘汰赛

单淘汰赛,是指运动员按编排的顺序进行比赛,胜利者进如下轮比赛,败者淘汰,整个比赛最后一场为冠亚军比赛。

号码位置选择:选择最接近的较大的 2 的乘方数作为号码位置,常用的号码位置数有:$2^3=8$;$2^4=16$;$2^5=32$。

轮次数的计算:2 的乘方的指数为轮数。如 8 人比赛,8 个号码位置等于 2^3。比赛轮次为 3 轮。

场数:场数等于人数减去冠军未被淘汰的一场,如 16 人比赛,场数等于 16－1 为 15 场。(图 7－4)

如:以 8 人为例:

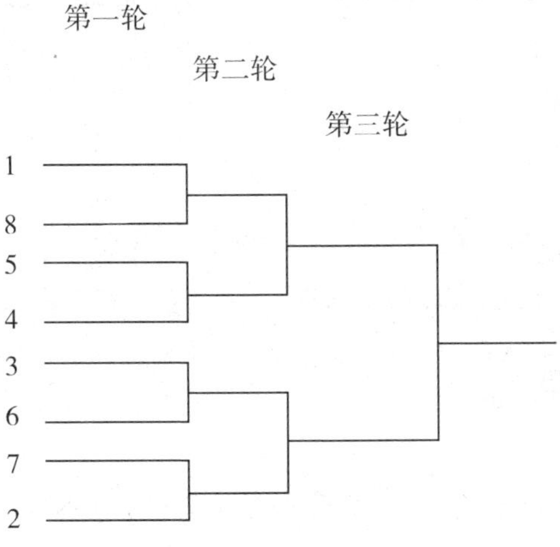

图 7－4

(三)双淘汰赛

双淘汰赛,指运动员按编排的比赛顺序进行比赛,失败两场就被淘汰。负轮最后一名未被淘汰运动员和正轮未输过的运动员之间必须进行一场冠亚军决赛。

号码位置的选择:同单淘汰一样,选择最接近的较大的 2 的乘方,若参加比赛

人数不满 2^n 时，采用增设轮空号码给予补足，或用抢号的办法解决。（图 7－5）

轮次数的计算：轮次 $=2^n$；如 8 人参加比赛，$2^3=8$，$n=3$。

场数的计算：场数 $=2\times$ 人数 -2

如：以 8 人为例

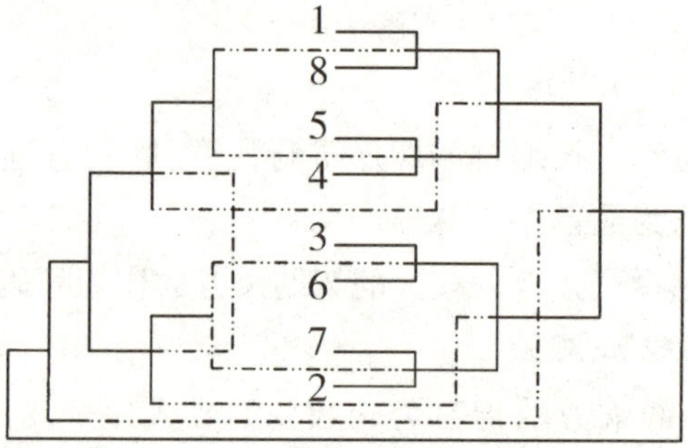

图 7－5

第三节　散打比赛规则及裁判法规

一、竞赛通则

（一）场地

散打比赛是在高 60 厘米，长 800 厘米，宽 800 厘米的木质结构的台上进行的，台面上铺有一层软垫，软垫上有帆布盖单。台面边缘有 5 厘米宽的红色边缘线，台面四边向内伸 9 厘米处画有 10 厘米宽的黄色警戒线，台下四周铺有 20～40 厘米高，宽 200 厘米的保护软垫。

（二）器材

器材包括：电子评分系统一套，擂台平面示意图，色别牌，比赛报名表，散打竞赛的日程表，单循环轮次表，单败淘汰轮次表，双败淘汰轮次表，记录表，边裁判员记分表等。

（三）级别的划分

48 公斤级别（含 48 公斤，以下均同）、52 公斤级别、56 公斤级别、60 公斤级别、65 公斤级别、70 公斤级别、75 公斤级别、80 公斤级别、85 公斤级别、90 公斤级别、95 公斤级别。

(四)竞赛办法

普遍采用单淘汰制,每场采用三打两胜制,每局净打 2 分钟,每局之间间隔 1 分钟的休息时间。

二、散打比赛规则

(一)禁止打击部位

后脑,指头部耳郭垂线以后的部位;

颈部,指人体第一椎骨以下,锁骨以上的部位;

裆部,指人体的阴部。

(二)得分部位:头部(后脑除外)、躯干、大腿、

(三)禁止使用的方法

1. 不准使用头、肘关节、膝关节等反关节动作进行攻击;

2. 不准使用任何迫使对方头部先着地的方法;

3. 不准有意砸、压对方;

4. 不得使用任何方法攻击倒地方的头部,无论对方是主动倒地还是被动倒地。

(四)得分标准

1. 不得分

比赛中攻击方法不清楚,效果不明显的不得分;

抱缠时双方相互打踢不得分;

用主动倒地的方法进行攻击时,对方不得分;

比赛双方同时倒地不得分。

2. 得 1 分

用拳法击中对方头、躯干得 1 分;

用腿法击中对方大腿或小腿得 1 分;

比赛中运动员被裁判员指定进攻后,8 秒内仍然不进攻,对方得 1 分;

主动倒地超过 3 秒不起,对方得 1 分;

比赛中比赛双方先后到地,后倒地者得 1 分。

3. 得 2 分

比赛中一方倒地(脚以外身体任何部位支撑台面),站立者得 2 分;

一方受警告一次,对方得 2 分;

一方被强制读秒一次,对方得 2 分;

用腿法攻击对方躯干,得 2 分。

(五)犯规与罚则

1. 犯规

消极搂抱；

有意推延比赛时间；

不遵守比赛礼节；

在比赛中有意吐落护齿，松脱护具；

2. 侵人犯规

在裁判员“开始”口令前，或“停”口令后进攻对方；

击打对方禁止打击部位；

用禁止使用的方法击打对方。

3. 罚则

故意伤害对手者取消比赛资格；

用违禁药品，或局间吸氧者取消比赛资格；

出现一次技术犯规，劝告一次；

出现一次侵人犯规，警告一次。

(六)胜负评定

1. 优势胜利

比赛中，由于双方实力悬殊，台上裁判员在征得裁判长同意后，判实力强的一方为该场胜利方。

一方被重击(侵人犯规除外)倒地不起长达 10 秒，或虽能站立但知觉失常时，判对方胜该场比赛。

一场比赛中，被重击强制读秒 3 次，判对方胜利。

2. 每局胜利

比赛结束时，依据边裁判员的评定结果，判定每局胜负；若出现平局，则按受警告、劝告少者或体重轻者为胜利方；

一局比赛中，一方被重击且受强制读秒 2 次，另一方胜该局；

一方 2 次下台，另一方胜。

3. 每场胜利

先胜利两局者为胜利方；

比赛中一方犯规，另一方诈伤，经医生确诊后，判犯规一方胜；

因对方犯规而受伤而导致不能继续比赛者，则判为该局的胜利者，但不能继续参加后面的比赛。

三、裁判员口令和手势

(一)抱拳礼

两腿并立,屈臂前伸,左掌右拳于胸前相抱,高与胸齐,手与胸之间距离 30 厘米左右。(图 7－6;图 7－7)

图 7－6

图 7－7

(二)上台

站立在擂台中央成侧平举,掌心朝上指向双方运动员。在发出指令的同时,屈臂侧举成 90°,掌心相对。(图 7－8;图 7－9)

图 7－8

图 7－9

（三）双方运动员行礼

双臂屈于体前，左掌盖于右拳背之上，示意运动员行礼。（图 7－10；图 7－11）

图 7－10

图 7－11

（四）第一局

面向裁判长席，一手食指竖立，其余四指弯曲直臂前举，成弓步。（图 7－12；图 7－13）

图 7－12

图 7－13

（五）第二局

面向裁判长席，一手的食指和中指竖立成 V 字形，其余三根手指弯曲直臂前

举,成弓步。(图 7 – 14;图 7 – 15)

图 7 – 14

图 7 – 15

(六)第三局

面向裁判长,一手拇指、食指、中指分开竖立,其余两指弯曲直臂前举,成弓步。(图 7 – 16;图 7 – 17)

图 7 – 16

图 7 – 17

(七)"预备——开始"

立于双方运动员中间成弓步,在发出"预备"口令的同时,两臂伸直,掌心向上

并指向双方运动员。在发出“开始”口令的同时，两手俯掌内合于腹前。（图 7－18；图 7－19）

图 7－18

图 7－19

（八）“停”

在发出“停”的口令的同时成弓步，单臂成掌伸向双方运动员中间。（图 7－20；图 7－21）

图 7－20

图 7－21

(九)消极 8 秒

两臂前上举,一手小指和无名指弯曲,其余三手指伸直,另一只手五指全部分开并伸直。(图 7 - 22;图 7 - 23)

图 7 - 22

图 7 - 23

(十)读秒

面对运动员,屈臂握拳于体前,拳心向前,从一手拇指到小指依次张开,间隔为 1 秒。(图 7 - 24;图 7 - 25)

图 7 - 24

图 7 - 25

（十一）消极搂抱

双手环抱于体前。（图 7－26；图 7－27）

图 7－26

图 7－27

（十二）强制读 8 秒

单臂指向裁判台，拇指竖直，其余四指弯曲。（图 7－28；图 7－29）

图 7－28

图 7－29

（十三）3 秒

一臂直仰掌斜上举指向某方运动员，另一手拇指、食指、中指自然分开，其余两

指弯曲，掌心向上，自腹前向外横摆于体侧。（图 7－30；图 7－31）

图 7－30

图 7－31

（十四）指定进攻

单臂伸向双方运动员中间，拇指伸直，其余四指弯曲，手心朝上，在发出“某方”进攻口令的同时，向拇指方向横摆。（图 7－32；图 7－33）

图 7－32

图 7－33

（十五）倒地

一臂伸直指向倒地一方，手心朝上，另一臂屈于体侧，掌心朝下。（图 7－34；

图 7－35）

图 7－34

图 7－35

（十六）倒地在先

一臂指向先倒地一方，在发出“某方倒地在先”的口令同时，两臂在体前交叉，掌心朝下。（图 7－36；图 7－37）

图 7－36

图 7－37

（十七）同时倒地

两臂体前平伸，后拉下按，掌心朝下。（图 7－38；图 7－39）

图 7－38

图 7－39

（十八）一方下台

弓步，一臂前平举指向下台一方。另一手立掌，手心朝前，向前平推。（图 7－40；图 7－41）

图 7－40

图 7－41

（十九）双方倒地

弓步，双手立掌，手心朝前，向前平腿。然后屈臂上举于体前成 90°，掌心朝后，成并步直立。（图 7－42；图 7－43）

图 7－42

图 7－43

（二十）踢裆

一臂伸直指向犯规运动员，手心朝上，另一手掌心向内，摆至裆前。（图 7－44；图 7－45）

图 7－44

图 7－45

（二十一）击后脑

一臂伸直指向犯规运动员，另一手俯按于后脑。（图 7－46；图 7－47）

图 7－46

图 7－47

（二十二）肘犯规

双臂屈于胸前，一手俯盖于另一肘部。（图 7－48；图 7－49）

图 7－48

图 7－49

（二十三）膝犯规

提膝，用手拍盖膝部。（图 7－50；图 7－51）

图 7－50

图 7－51

（二十四）警告

一臂伸直指向犯规运动员，掌心朝上，另一手示出犯规现象后，屈臂成 90°握拳上举于体前，掌心朝后。（图 7－52；图 7－53）

图 7－52

图 7－53

（二十五）劝告

一臂伸直，掌心朝上指向犯规运动员，在发出“犯规”口令的同时，屈臂成 90°立掌上举于体前，掌心朝后。（图 7－54；图 7－55）

图 7 - 54

图 7 - 55

（二十六）取消比赛资格

两手握拳，两前臂交叉于胸前。（图 7 - 56；图 7 - 57）

图 7 - 56

图 7 - 57

（二十七）无效

两臂伸直，在腹前交叉摆动。（图 7 - 58；图 7 - 59）

图 7 - 58

图 7 - 59

（二十八）急救

面对大会医务席，两手成立掌，两前臂在胸前成十字交叉。（图 7 - 60）

图 7 - 60

（二十九）休息

仰掌侧平举，指向双方运动员休息处。（图 7－61；图 7－62）

图 7－61

图 7－62

（三十）平局

平行站立于两名运动员中间，握两侧运动员手腕上举。（图 7－63）

图 7－63

(三十一)获胜

平行站立于两名运动员中间,一手握住获胜运动员手腕上举。(图7-64)

图7-64

图7-65

(三十二)交换站位

站立在擂台中央,双臂伸直在腹前交叉。(图7-65)

二、边裁判员手势

(一)下台或倒地

一手食指伸直向下,其余四指弯曲。(图7-66;图7-67)

图7-66

图7-67

(二)没下台或没倒地

一手立掌,左、右摆动1次。(图7-68;图7-69)

图7-68

图7-69

(三)没看清

双手仰掌,由体前向外屈肘平举。(图7-70;图7-71)

图7-70

图7-71